中职学校公共基础课"五动"课堂学习行动模式研究与实践

黄轶 著

中国财经出版传媒集团
中国财政经济出版社

图书在版编目（CIP）数据

中职学校公共基础课"五动"课堂学习行动模式研究与实践／黄轶著． ——北京：中国财政经济出版社，2021.10

ISBN 978－7－5095－7200－9

Ⅰ．①中… Ⅱ．①黄… Ⅲ．①中等专业学校－课堂教学－教学研究 Ⅳ．①G718.3

中国版本图书馆CIP数据核字（2021）第170580号

责任编辑：葛　新　　　　　责任校对：胡永立
封面设计：陈宇琰　　　　　责任印制：史大鹏

中职学校公共基础课"五动"课堂学习行动模式研究与实践
ZHONGZHI XUEXIAO GONGGONG JICHUKE "WUDONG" KETANG
XUEXI XINGDONG MOSHI YANJIU YU SHIJIAN

中国财政经济出版社 出版

URL：http：//www.cfeph.cn
E－mail：cfeph@cfeph.cn

（版权所有　翻印必究）

社址：北京市海淀区阜成路甲28号　邮政编码：100142
营销中心电话：010－88191522　编辑部门电话：010－88190666
天猫网店：中国财政经济出版社旗舰店
网址：https：//zgczjjcbs.tmall.com
北京财经印刷厂印刷　各地新华书店经销
成品尺寸：185mm×260mm　16开　10.5印张　200 000字
2021年10月第1版　2021年10月北京第1次印刷
定价：56.00元
ISBN 978－7－5095－7200－9
（图书出现印装问题，本社负责调换，电话：010－88190548）
本社质量投诉电话：010－88190744
打击盗版举报热线：010－88191661　QQ：2242791300

前　言

　　课堂学习行动模式是诸多教育学者关注的重要问题。近年来全国范围内掀起了课堂教学模式改革的热潮，许多中职学校也开始探索新型的课堂教学模式，以改善学生课堂学习效果。而课堂学习行动模式的建立需要教育学和心理学学科的融合，"五动"理论充分体现了学生在课堂中的主体地位，可以提升学生课堂学习的主动性，因此适合融入到课堂学习行动模式中。本书试图在已有研究工作的基础上阐述"五动"课堂学习行动模式的概念与相关理论基础、具体内容与应用实践，为课堂教学模式研究提供新的方向。

　　本书共分为9章。第1章是全书的铺垫，重点阐述"五动"课堂学习行动模式基本知识、基本特征与实施原则等内容，便于读者深入了解"五动"课堂学习行动模式；第2章在对现有中职公共基础课课堂现状分析的基础上，创造性地提出适合中职公共基础课"五动"课堂学习行动模式方案，并给出相应步骤与解释，为中职公共基础课教学模式改革提供可操作性指引；第3章提出了中职公共基础课"五动"课堂学习行动模式评价方案，为实践效果判别与改进提供基本依据。第4章至第8章为中职公共基础课、专业课"五动"课堂学习模式的实践案例，通过对语文、数学、英语、德育、专业课学科的案例分析，能够为读者提供一定的参考价值，使读者体会到"五动"课堂学习行动模式的实践价值。第9章以重庆市巴南职业教育中心为例，详细介绍了"五动"课堂学习行动模式实践成效与成果。

　　本书的研究工作得到了重庆市教育科学"十三五"规划课题（课题编号：2016-12-002）的资助，特向支持和关心作者研究工作的所有单位和个人表示衷心的感谢。另外，书中部分内容参考了有关单位或个人的研究成果，均已在参考文献中列出，在此一并致谢。

由于本书追求的目标是为广大读者，尤其是为教育工作者进行课堂学习行动模式创新提供可操作指引，这给编写本书增添了难度，加上作者水平所限，虽几经改稿，书中错误和缺点在所难免，诚恳地期待得到广大读者的批评指正。同时欢迎广大读者向我们提出相关建议，在教育之路上如能与大家互勉共进，将是我们的荣幸！

著者

2021 年 8 月

目 录

第1章 "五动"课堂学习行动模式概述 ·········· 1
　1.1 "五动"的概念界定 ·········· 3
　1.2 "五动"课堂学习行动模式的理论基础 ·········· 4
　1.3 "五动"课堂学习行动模式框架 ·········· 6
　1.4 "五动"课堂学习行动模式特征 ·········· 7
　1.5 "五动"课堂学习行动模式实施原则 ·········· 8

第2章 中职学校"五动"课堂学习行动模式具体内容 ·········· 11
　2.1 中职公共基础课课堂教学现状 ·········· 13
　2.2 中职公共基础课课堂教学改进对策 ·········· 17
　2.3 中职学校公共基础课"五动"课堂学习行动模式方案 ·········· 21

第3章 中职学校公共基础课"五动"课堂学习行动模式评价方案 ·········· 27
　3.1 评价的指导思想 ·········· 29
　3.2 评价的基本理念 ·········· 29
　3.3 课堂的评价标准 ·········· 31
　3.4 评价表解读 ·········· 34
　3.5 评价表使用说明 ·········· 36

第4章 中职语文学科"五动"课堂学习行动模式方案 ·········· 39
　4.1 中职语文学科"五动"课堂学习行动模式方案 ·········· 41
　4.2 案例一：作文风格选择与写作 ·········· 42
　4.3 案例二：散文阅读与领悟 ·········· 46

4.4　案例三：口语训练与表达 ……………………………………………… 53
　　4.5　中职语文学科"五动"课堂教学评价 …………………………………… 56

第5章　中职英语学科"五动"课堂学习行动模式方案 ……………………… 59
　　5.1　中职英语学科"五动"课堂学习行动模式方案 ………………………… 61
　　5.2　英语教学案例一：英语导学课 …………………………………………… 62
　　5.3　英语教学案例二：学习英文字母 ………………………………………… 65
　　5.4　英语教学案例三：学习数词 ……………………………………………… 67
　　5.5　中职英语学科"五动"课堂教学评价 …………………………………… 70

第6章　中职数学学科"五动"课堂学习行动模式方案 ……………………… 73
　　6.1　中职数学学科"五动"课堂学习行动模式方案 ………………………… 75
　　6.2　数学教学案例一：集合 …………………………………………………… 76
　　6.3　数学教学案例二：不等式的性质 ………………………………………… 79
　　6.4　数学教学案例三：有理指数 ……………………………………………… 81
　　6.5　中职数学学科"五动"课堂教学评价 …………………………………… 84

第7章　中职德育学科"五动"课堂学习行动模式方案 ……………………… 87
　　7.1　中职德育学科"五动"课堂学习行动模式方案 ………………………… 89
　　7.2　德育教学案例：市场经济 ………………………………………………… 90
　　7.3　中职德育学科"五动"课堂教学评价 …………………………………… 97

第8章　中职专业课"五动"课堂学习行动模式方案 ………………………… 99
　　8.1　中职专业课"五动"课堂学习行动模式方案 …………………………… 101
　　8.2　中职专业课教学案例一：汽修专业课 …………………………………… 102
　　8.3　中职专业课教学案例二：计算机专业课 ………………………………… 105
　　8.4　中职专业课教学案例三：旅游烹饪专业课 ……………………………… 107
　　8.5　中职专业课学科"五动"课堂教学评价 ………………………………… 112

第9章　"五步五动五能"课堂教学模式应用实践与成果 ………………… 115
　　9.1　"五动"课堂学习行动模式实施背景 …………………………………… 117
　　9.2　"五动"课堂学习行动模式实践方案 …………………………………… 118

9.3 "五动"课堂学习行动模式实践创新 ………………………………… 119
9.4 "五动"课堂学习行动模式实践成果 ………………………………… 120
9.5 未来展望 …………………………………………………………………… 123

附录一 中职"五动"课堂学习模式实践成果汇总 …………………………… 124

附录二 中职公共基础课"五步五动五能"课堂教学模式推广应用大事记 ……… 134

参考文献 …………………………………………………………………………… 156

第 1 章

"五动"课堂学习行动模式概述

1.1 "五动"的概念界定

"五动"课堂学习行动模式是以课堂为阵地、以学生为中心，让学生在学习过程中充分动心、动脑、动手、动口、动情（简称"五动"），激活学生的学习主动性，最大程度地实现学习主体的全员参与、全程参与和有效参与，形成"师生互动、生生互动"的有效课堂模式。"五动"包括：动心、动脑、动手、动口、动情。

（1）动心：本指"思想、感情引起波动"，此处的"动心"指发生兴趣，产生好奇，出现较强的求知欲，"动心"是任何学习、思考、探索的起点。

（2）动脑：本指"用脑筋想"，此处的"动脑"不仅仅停留在"想一想"的层面，而是指和一切课堂目标相关的积极主动的思考过程，是一种积极的定向思维过程，是认识过程的高级阶段，包括记忆、理解、概括、抽象、分析、综合、比较、判断和推理等。学习活动自始至终都伴随着大脑的活动。

（3）动手：本指"去做某件事"，此处的"动手"不仅仅停留在"写一写"的层面，在课堂学习活动中，动手主要体现在：记录、摘抄、批注、勾画、练习、写作、演示、实验、收集整理筛选信息等，是学生学会学习的基本实践活动，也是学生对探究性知识学习的必由之路。

（4）动口：本指"诉诸于言辞"，此处的"动口"不仅仅是指浅层次的"说一说"，主要界定为学习环节中的表达与交流，具体体现为：提问、回答、陈述、复述、讨论、辩论、演讲、朗诵、采访、调查等。

（5）动情："动情"的基本意思是"对人或事物产生爱慕的感情"，是一种思维和情感积极参与的过程，此处的"动情"也包含其基本意思，用各种教学手段，激发学生强烈稳定的情感状态，引起激动的情绪、充满欢乐情感和愉快的心境等。具体的课堂表现为：眼有神、手常举、口常开等情感状态，是"五动"中的最高境界。

1.2 "五动"课堂学习行动模式的理论基础

1. 建构主义学习理论

建构主义学习理论是 20 世纪中叶在欧美兴起的一种教学理论。其教学主要观点如下：

（1）不可以转移知识，教师传递的知识信息只有通过学生的主动建构才能获得。

（2）知识是由认知主体主动建构的，而不是被动吸收的。

（3）教学过程包括了学生与其他学生之间的互动而不只是师生之间的互动，换句话说，知识的获得是学习者、教师和其他学习者相互作用的结果。

（4）课堂是否有效果，要观察学生在这节课中是如何去学习的；教师的教学是否有效果，在于教师在课堂中能否调动学生学习的主动性和积极性，以及学生是否能主动构建知识。

建构主义的"学与教"理论应以学生为中心，要求学生不能变成被灌输知识的对象，一味地作为被接受者存在，而是要作为主动构建者去处理信息，掌握知识的意义。在"五动"课堂教学中，教师要给予学生大量的自主探究时间，学生是课堂的主体，学生可以在课堂上一起尝试讨论疑惑、探索解题，并以小组为单位进行汇报展示，在分小组讨论的过程中形成多思路解题，从而培养学生的发散思维，并让学生进行纠错，让学生在这种探究性学习中充分体验知识方法的形成过程，加深学生对知识的理解，教师在这个过程中要发挥好"引导者"的作用，培养学生的问题意识和学生的创新思维。"以学生为中心"是建构主义学习理论的核心思想，要体现学生在学习过程中的创新精神，充分发挥学生的学习主动性，多去实践中运用所学到的知识，并想出解决实际问题的方法，使学生在实践的过程中认识客观事物。另外，学习环境能起到促进学习的作用，学习应当被促进和支持，而不应被控制与支配。

2. 人本主义学习理论

20 世纪的美国产生了人本主义学习理论，马斯洛和罗杰斯是其代表人物。人本主义心理学则更加注重人身的感受和自身的需求，学习活动应该基于民主、协商、合作，必须是学习者本身需要的内容，并强调以学习者为中心的教学方法。人本主义心理学认为教学活动不仅要促进学习者的认知发展，还应促进学生的情感发展。该理论认为自主学习和协作学习尤为重要。激发学生的学习动机，挖掘以及开发每个学生的学习潜力才是教育的最终目的。

（1）强调教师要有良好的教学态度以及自己的教学风格。人本主义心理学既关注每个学生存在的个体差异以及每个学生的自我概念，也关注师生关系、学生与学生之间的关系、群体动力的作用以及课堂的气氛等，强调教师应多去关注学生，关注学生对新环境的适应能力和对学习的适应能力以及持续学习等问题。

（2）关注学生的内心世界。多站在学生的角度思考问题，为学生着想，努力让学生感受到学习是非常有趣并充满激情的一件事情，并要研究学生的兴趣爱好、认知能力、情感态度、学习动机、潜在智能等学生的心理世界，以便让学生能够全身心地投入学习。

（3）重视有意义学习和过程学习。它有助于帮助学生体验学习中的乐趣，并且能拉近师生之间的距离，消除师生之间的对立，克服教学中过分强调书本知识的作用和价值，而忽视在实践中的学习，具有一定的启示意义。

（4）要保护学生的天性，要用乐观的态度看待学生的天性，培养学生的创造力。教育的目的是培养积极向上并且能适应时代发展的、快乐的、心理健康的人。

3. 布鲁纳的"主动参与"说

布鲁纳是美国著名的教育心理学家，他认为学习者与信息之间并不是被动接受的关系，而是主动参与的关系，学习者是学习过程的主动参与者。学生在学习知识的时候，他们应该通过自主探索来获得知识。只有通过自主探索才能将知识化为己有，也能从中培养学生的创新意识和实践能力。在教师创设的问题情境中，学生应努力发现学习知识的方法和学科思想的具体内容。

4. 张熊飞的"诱思探究"学科教学论

张熊飞教授的诱思探究学科教学论在国内具有很大的影响力，该理论的形成历经数十载，是中国土生土长的一种教学理论。该理论的目的是揭示客观教学规律，并探讨了如何在课堂教学中实施素质教育等问题。

"诱思探究教学"遵循学生的认知规律，提倡实施启发式教学，通过引导激发学生的求知欲，从而诱发学生的学习潜能。注重教师在教学中对学生思想的引导，而不是把知识直接灌输给学生，构建以学生为主体的课堂，教师就像一个引路人，以引领和诱导学生的方式进行教学。

1.3 "五动"课堂学习行动模式框架

"五动"课堂学习行动模式包括五个模块：激趣导入、目标引领、任务实施、多元检测、总结提升。如表1-1所示。

表1-1

模块序列	模块名称	模块内容	"五动"形式	模块要求	理论支撑
一	激趣导入	科学创设情境 巧妙导入新课 激发学习兴趣	质疑讲述 演讲表演 演算观看	精心设计 激发兴趣	心理学中的动机理论
二	目标引领	明确教学目标	展示解读	清楚明了 切实可行	任务驱动理论
三	任务实施	明确任务 ⇩ 主动完成 ⇩ 展示交流 ⇩ 点拨评价	摘抄批注 勾画练习 阅读思考 讨论演练 交流倾听 观看记录 识记感悟 体验品味 观察推理	任务明确 积极主动 生生互动 师生互动	建构主义理论 新课程理论 认识论的整体论
四	多元检测	检测目标达成情况	自测、他测	对照目标 简单易行 方式多样	布鲁姆掌握学习理论
五	总结提升	查漏补缺 拓展延伸	归纳提炼 分析反思	有针对性 有启发性 有借鉴性	杜威实用主义理论 学习迁移理论

"五动"伴随着整个课堂学习活动，在课堂活动中不能截然分开，应有机结合，将"五动"融入课堂教学中的各个环节，充分调动学生的积极性，让学生参与到学习活动中。

1.4 "五动"课堂学习行动模式特征

"五动"课堂学习行动模式主要具有以下特征：

1. 开放性

"五动"课堂既强调学习者的认知主体作用，又不忽视教师的指导作用。它要求课堂教学管理应以开放、平等的心态来对待师生之间的教学互动，既能保证面向全体，又能使不同个性特征的学生得到充分发展。

2. 目标性

"五动"课堂要求通过学习把凝聚于知识中的智力内容与活动方式转化为学生自身的能力，同时在积累知识的过程中开发智力，使学生在情感、意志、品质乃至世界观、人生观、价值观等方面都得到陶冶。

3. 互动性

"五动"课堂要求教学的各个环节通过教师积极引导及创设情境让学生都"动"（动口、动手、动脑、动心、动情）起来，做到让每个学生都能参与，达成有效的师生互动。

4. 高效性

"五动"课堂要求教学活动内容与方式应以学生理解并掌握学习任务为根本，要求教师精心设计教学环节，充分调动学生学习的主动性，最大限度地实现高效的教学目标。

5. 快乐性

快乐学习是课堂教学追求的最高境界，"五动"课堂要求教学的内容与方式应以激发学生的兴趣为原则，教师当以炉火纯青的教育艺术尤其是幽默的和生活化的教学语言来增强课堂教学的趣味性，教师应多采用赏识和激励教育来提高学生学习的积极性与主动性，达到幸福课堂的目标。

1.5 "五动"课堂学习行动模式实施原则

实施"五动"课堂学习行动模式要遵循教育学和心理学的相关原则，特别强调遵循以下原则：

1. 激励性原则

调动学生的学习积极性是顺利实施"五动"课堂学习行动模式的前提，再好的教学设计如果没有学生的积极参与则不可能完成教学目标，所以教师在课堂教学时，要通过各种有效手段，最大限度地激起学生内在的学习积极性和求知欲望。首先，要求教师在课堂上努力创设和谐愉悦的教学气氛，教学中多采用鼓励性语言，增强学生的学习信心，从而形成和谐的课堂氛围，让学生充分感受到教师的关注和欣赏；其次，要求教师在课堂教学中启发学生主动发问、质询和讨论；最后，正确合理运用各种激励手段调动学生积极主动地进行课堂学习。

2. 整体性原则

"五动"课堂包括"激趣导入、目标引领、任务实施、多元检测、总结提升"五个模块，各个模块的设计和实施都要以教学目标为导向，以学生为主体，以"五动"为途径，以提高课堂教学的有效性为目的，从大纲制定、教材编排、教学设计、教学实施到教学检测是一个庞大而复杂的整体，教师在教学时要有整体意识，不能把五个模块和"五动"（动心、动脑、动手、动口、动情）要素割裂开来。整体性原则是顺利实施"五动"课堂学习行动模式的保障。

3. 动态性原则

"五动"课堂要求教师针对不同的学科、不同的教材内容、不同的学生、不同的教学设施设备、不同的教学风格动态地组织教学活动，根据课堂生成情况，动态调整、管理教学过程，不能一成不变，也不能生搬硬套，更不能为了"五动"而在形式上故意设计和安排不符合教学实际的环节。

4. 差异性原则

差异性原则就是要尊重学生的个体差异、发挥个体优势。"五动"课堂学习行动模式强调教师从不同学生的学习实际出发，根据学生已有的知识水平、接受能力、技能、学习愿望、知识理解水平以及其发展的可能性，实行差异性教学，使每个学生都能获得成功体验，使不同学生得到不同的发展。实施"五动"课堂学习行动模式一定要遵循差异性原则，做到因材施教，让全体学生学有所得，让学生都得到发展。

5. 互动性原则

互动性原则是"五动"课堂的一个重要原则。教学的实质是师生之间、学生与学生之间形成交往、互动、共同发展的过程。其主要途径是对话，在对话中获得精神的交流和分享，从而达成理解、共享、沟通、合作，师生之间、生生之间，通过心灵的对接、意见的交换、思想的碰撞、合作的探究，实现知识的共同拥有与个性的全面发展。真正的互动，一定是相互之间产生影响、相互作用的过程。

总之，构建"五动"课堂学习行动模式能稳步提高教学质量，促进教学创新改革，促进教师、学生共同成长。

第 2 章

中职学校"五动"课堂学习行动模式具体内容

2.1 中职公共基础课课堂教学现状

在国家大力发展职业教育、特别是中等职业教育的大趋势下，我国职业教育已步入"抓质量、走内涵发展道路"阶段，各中职学校都在努力提高办学质量，而办学质量的核心体现在教学质量上。公共基础课作为中职学校的重要教学内容，是职业教育评价人才质量不可或缺的重要组成部分，它不仅能培养学生的基本文化素养，还是学习所有专业课的基础，是提升学生职业能力的重要途径。全面了解中职学校公共基础课课堂教学现状，分析存在的问题，才能为探索加强和改进中职学校公共基础课课堂教学打好基础。

2.1.1 中职公共基础课课堂教师教学现状

1. 教师教学理念陈旧

教学理念是教师对教学和学习活动内在规律认识的集中体现，也是对教学活动的看法和持有的态度和观念，它决定着教师在教学活动中的一切行为，从而也决定着教学效果。面对学习自觉性不高和基础差的学生，教师如果只是高高在上的严厉说教，让学生不假思索地接受和服从，把学生当成接受知识的容器，只注重知识单向传授，就无法产生良好的教学效果。而造成中职学校教师教学理念陈旧的主要原因在于两个方面：一方面，教师主动学习能力不足，未注重教育观念与修养提升；另一方面，中职学校主管部门和学校对公共基础课教师重视程度有待加强，其往往相对偏好于关注专业课老师的专业能力与素养提升，忽略公共基础课教师教学能力对学生学习的影响，未给公共基础课教师提供充足的进修和专业基础及现代信息技术培训机会，教师的理念和视野受到限制，科研意识较差，教师教学理念很难有质的改善。

2. 教师教学方法生硬

教学方法是教师和学生为了实现共同的教学目标，完成共同的教学任务，在教学过程中运用的方式与手段的总称。目前，多数教师仍采用以教师为主的教学方法，如练习法、讲授法等，教学方法单一、生硬，整个课堂几乎都是教师在讲，一节课下来学生昏昏沉沉的，整个课堂气氛也是死气沉沉的。即便教师设计师生互动环节，也大多以提问的方式进行，这样的教学方法忽略了中职学生的普遍特征，即进入中职学校学习的大部分学生基础并不好，没有养成良好的学习习惯，也缺乏相应的学习思维，在这样的学习基础下，对公共基础课的学习本身就感到吃力，如果老师死守满堂灌的教学模式，既忽视了讲课对象与环境，又忽视了师生的互动交流，更束缚了学生的创造性和创新性，课堂教学无法达到预期效果。

3. 教师教学过程乏味

教学过程是学生、教师、教学内容和环境之间的互动过程。教学过程的组织不应是教师单方面传授教学内容，应该通过师生互动，充分尊重学生的学习主体地位，充分调动他们学习的兴趣。师生互动通常由教师发起，通过各种方法请学生与自己合作弄清楚某个知识点，目的是让学生争先恐后的参与，使课堂气氛活跃起来，从而调动学生思维，增强趣味性，达到良好的教学效果。师生之间良好的互动无疑是学生掌握知识和技能的重要保障，是学生保持较高学习兴趣的重要因素，能激励学生的探索精神。在公共基础课课堂上，许多教师照本宣科，只关注教学内容是否能讲完，从不关注学生是否有兴趣，或者是否已经掌握学习内容，而不是想办法引导学生、让学生参与课堂、体会学习的乐趣。在师生之间如果没有共同探究的兴趣与热情，学习仅仅是教师单方面的教和学生单方面的接受，便会造成学生缺乏学习积极性。久而久之，课堂变成了一潭死水，难以实现有效的师生互动，提高教学效果也难以达成。

4. 教学评价模式单一

教学评价一般包括对教学过程中教师、学生、教学内容、教学方法手段、教学环境、教学管理等的评价，但主要是对学生学习效果的评价和教师教学工作过程的评价。教学评价是公共基础课课堂教学创新的指挥棒，推进课堂教学创新，需要创新对学生学习结果的评价，变革对教师教学质量的评价，也要变革课堂教学效果的评价。目前，中职学校的教学评价方式只重结果、不重过程，只关注学生的期中、期末成绩，不关注课堂上学生的表现与兴趣，不关注学生的点滴进步；只关注课堂教学环节的完整性和有序性，不关注教学方式及方法的有效性；只关注学生群体的共同性，不关注个体的差异性，更缺乏创新学生学业评价模式。这样的教学评价模式不能发挥其教育功能和调控功能，不能引导教师重视和创新课堂教学，不能引导学生看到自己的进步和提高，更不能让学生体验到学习成功的快乐并增强自身的自信心。

5. 教学内容深奥、枯燥

教学内容是学与教相互作用过程中有意传递的主要信息，其直接影响学生的学习效果，也是衡量教学是否有效的重要因素。中职学校的教学内容主要依赖于教材知识，而教材内容与实际应用之间长期存在鸿沟，虽然随着新课程标准的进一步实施，中职学校在公共基础课教材上已经有了一定的突破。但是，这些教材的内容仍然难以有效贴近学生的专业知识和实际生活需要，还停留在学习理论知识层面上，无法达到灵活运用。另外，目前中职学校的部分学生在进入学校时并未达到初三年级的学业水平，面对这样的一个学生群体，教师再按现有教材照本宣科地进行讲授，不对教材及教学内容进行加工处理，学生的学习效果会大打折扣。

6. 教师职业倦怠

职业倦怠是在高强度的外在工作压力下，忽视内在自我需求而带来的身心俱疲的状态。目前，中职学校教师产生职业倦怠的原因主要体现在两个方面：第一，非教学性事务繁重。除了完成教学性事务外，中职学校教师需要填写大量材料与表格，这些工作给老师带来了沉重的负担，使中职学校教师的工作积极性下降，并可能会影响教学质量。第二，学生综合素质偏低。中职学生有着与同龄普通教育的高中生相似的特点，也存在一些不同的群体特征：学习成绩普遍偏低，学习缺乏主动性，没有养成良好的学习习惯，对自身缺乏明确的认知，并且大多数学生认为中职学校学不到东西，在组织纪律性等方面存在不少问题。中职学校公共基础课教师面对如此复杂的工作对象，不仅要在教学上耗费更多的精力，而且在维持纪律、学生管理上付出的时间与精力更大，很多中职学校公共基础课教师对课堂上的学习氛围不太满意，与学生关系一般，有少数学生不服从甚至抵触老师的教育，这些都给中职学校公共基础课教师造成了很大的心理压力，使他们有明显的职业倦怠倾向，因而导致中职学校的公共基础课教学质量下降。

2.1.2 中职公共基础课课堂学生学习现状

1. 学生文化基础水平普遍较低

相关调查研究表明，当前大多数初中学生在毕业后通常会首先考虑重点高中，其次选择普通高中，最后才会选择中职学校，由此可以看出，中职学校的生源质量在一定程度上决定了中职学生学习基础薄弱，这也是中职学校公共基础课教学面临的最大挑战和困难。另外，中职学生中有很大一部分学生文化课成绩较低，认知、记忆、思维能力较弱。进入中职学校后，大多数学生在学习公共基础课时，对授课内容难以理解，学习更加吃力，从而导致对公共基础课的抵触更深，加上无法找到合适的学习方法，致使学生的公共基础课学习成绩逐渐降低。

2. 学生学习兴趣不高

中职学校的学生学习兴趣不高主要有三个原因：第一，自信心不足。大部分学生在初中阶段对公共基础课各学科的学习缺乏成就感，很少获得任课教师的肯定，甚至部分学生有很重的厌学情绪。第二，学习方法不恰当。部分中职学校学生原本希望学好公共基础课，但没有找到正确的方法，或者认为老师教学方法呆板、僵化，教学内容深奥，久而久之学生认为自己的付出没有得到应有的回报，逐渐对学习公共基础课失去兴趣。第三，就业环境影响。由于中职学生毕业后的就业岗位普遍对公共基础课成绩没有具体要求，这也导致很多中职学生对学习公共基础课的兴趣越发降低。

3. 学生认识偏差

对很多中职学生来说，他们对公共基础课的认识往往比较肤浅，没有认识到公共基础课的重要性，一味追求专业实践能力的提升，这严重影响了学生对公共基础课学习的理解和认识。很多中职学生不注重理论知识的学习，认为只要学习一门技能，就可以在社会上立足，因此，在课堂上忽视对公共基础课知识的理解和认识。若不能从根本上解决学生的认识问题，则会导致学生的公共基础课基础较为薄弱，从而会影响中职学生之后的学习与发展，应引起中职学校教师的足够重视。

4. 学生学习习惯较差

学校、社会、企业等普遍反映相当一部分中职学生存在诸多不良习惯和问题：缺乏理想信念，人生价值取向不定；普遍以自我为中心，易冲动，自控力、抗挫力差，主动学习和创新精神不足等。在中职学校，部分学生抱着"混学历"的学习态度，学习倦怠程度很高，这样不仅无法让学生养成良好的学习习惯，而且学习动机不强，学习效能感降低，并会出现一些不良学习行为，例如，疏远老师，上课注意力不集中，学业拖延等，这些行为可能会导致他们学业成绩下降。另外，中职学生控制力普遍较弱，手机强大的交流、娱乐和游戏功能对中职学生有极大的诱惑力，学生沉迷于玩手机，从而对学业成绩产生不良影响。

5. 学生学习主动性不强

中职学校课堂普遍存在学生被动参与的教学现状，课堂氛围较差，学生在课堂上的注意力难以持久。就公共基础课这类学科而言，中职学生通常只愿意接受最基础的知识，做一些基本的练习，并不愿意探究及拓展。学生在学习新知识时，没有表现出较强的自觉性和主动性，课后作业也常常出现抄袭现象。同学之间很少就学习问题进行交流，更谈不上向教师请教。久而久之，他们对公共基础课的学习越来越被动，认为公共基础课知识在生活和学习中没有大用处，枯燥无味，消极应付，但等到学习专业知识要用到相关的公共基础课知识时，他们又感到束手无策，从而导致专业课教师教学时很难深入，影响教学效果。

6. 学生职业规划不明晰

中职学生出现学习兴趣低下、学习习惯较差、学习主动性不强等问题与自身职业规划不明晰也有很大关系。首先，进入中职学校的学生正处于从依赖到独立，从学校向社会过渡的时期，他们一方面向往自由，一方面又受到学校的约束，很难把心思放在职业规划上，对自己今后的发展方向感到迷茫，因此大多数学生在课堂学习中选择随波逐流。其次，中职学校的大多数学生没有升学的动力和压力，在学校学习的过程中无法对自身的未来发展进行有效的规划，缺乏明确的学习目标和学习任务，导致很多学生认为公共基础课并不重要，没有意识到其对自身未来发展的重要作用和意义。最后，中职学生不了解将来要从事的职业选择标准和从业的具体要求。部分学生在入学开始后并不了解自己专业的职业路径，不懂得在学好基础知识的基础上，参加各类技能大赛和社团活动。部分中职学校虽然开设职业生涯规划课程，但可能局限于授课质量和授课效果，学生并未将这门课程与自身实际情况相结合，做出适合自身的职业规划，从而制定相应的学习目标，这也提醒中职学校要加强学生职业生涯规划课程的学习。

2.2 中职公共基础课课堂教学改进对策

针对中职学校公共基础课当前教学存在的问题，结合当前中等职业教育改革形势和发展状况，提高中职学校公共基础课的教学质量，需要从教师和学校层面不断进行调整，提升教师的综合素质，积极发挥教师在课堂教学中的主导作用，着力加强公共基础课课堂教学研究，创新教学模式，提高课堂教学质量。同时从学生自身心理建设出发，引导学生积极肯定自己，加强对学生的目标教育，正确评价学生，提高学生在课堂上学习的主动性和自觉性，让学生在课堂上动起来。

2.2.1 教师层面改进对策

1. 提高教师道德素质

学校的进步及发展从"以人为本"的理念上来讲，无非就是"人"的进步。教师素质的高低影响着学生学习兴趣和学习效果。中职学校要持续发展，教师队伍建设是根本，要提高教学水平和教学质量，就必须打造一支勇于承担责任，勇于开拓创新，敢于挑战，重师德、有活力、有造诣、高素质而又忠诚于教育事业的教师队伍。教师的灵魂体现在教师的道德上，师德的灵魂表现是师爱。这就要求所有教师要赋予每位学生更多的关爱，真正做到"亲其师、信其道"，以激发学生的学习动力；克服学生的心理困惑和自卑，建立自信心。公共基础课教师在课堂上不仅要完成教学内容，更应该在课堂中注入对学生思想道德的教育。在教学中，教师不能忽视对学生进行思想道德和职业道德教育，通过鼓励、说服教育、激励等潜在方式影响和教导学生，把教师的教学目标转换为学生对学习的自觉行动，通过调动学生的自尊心、荣誉感、好胜心、好奇心、上进心和自我实现等因素来强化学生学习的内在动力，以便达到学生学、教师教的统一和谐。

2. 拓展教师业务素质

在教学中，教师要把专一教学转化为复合型教学，这种教学模式是中职学校的教学发展需要。教师的工作性质相比于其他职业具有更强的示范性，工作任务是在传授知识的基础上培养学生的创造性，教师要不断地自我更新，仅仅是入职前所接受的教育已不能应对快速发展的信息化时代和正在发展中的学生，因此，需要通过在职学习、脱产进修和短期培训等学习方式自觉、主动地进行自身知识的更新，丰富知识储备，自觉拓宽本专业知识领域，深入掌握所教学科的发展动态和本学科与其他学科之间的相互联系，将最新的知识和信息传授给学生。现在每所学校都在搞创新，要求教师有创新的头脑，创新的实施行动，在教学中能引导学生创新。而在创新教学实施过程中，需要每个教师更新自己的教育理念和方法，在日常教学中，要考虑教学的整体因素，如学生的个体差异、班级的综合素质等，在课堂上用心组织教学过程，根据学生个人特点探索适合学生的教学方法，创造一个充满活力，让学生接受的轻松、愉快的学习氛围，让每名学生充满信心和快乐地学习。

3. 创新教学方法

教师要创新教学方法，在教学中与学生互动起来，让学生成为课堂的主体，引导学生共同创新，以提高公共基础课教学质量。部分公共基础课教师习惯了传统的普教教学方式，如"满堂灌""填鸭式"教学，不注意教师与学生之间的互动性，更不关注理论如何同实践相结合，课堂缺少生机与活力，这种陈旧的教学方式是极不受中职学生欢迎的，实际上也是效果最不好的一种教学方式。因此必须进行卓有成效的改革和创新。教师要在制作和使用教学资源方面加大创新力度，如制作微课、形式多样的PPT等资源，以丰富教学内容。另外，以小组合作学习方式以及组织各种活动建立起来的教学课堂，课堂氛围相对活跃，学生学习也会感到轻松愉快。在教学中，中职学校教师还可以通过巧用信息化教学手段，变学生爱不释手的手机为学习工具，使用手机辅助教学，学生更乐于接受。此外，通过平台在课前发放课前预习任务、课后发放复习任务，可培养学生课前预习、课后复习的好习惯。

4. 改进评价模式

改变评价方式，从终结性评价转向过程性评价，教学评价贯穿于整个教学过程中，实施过程性评价与终结性评价相结合，多角度、多形式进行考核评价，充分尊重不同阶段教学行为的变化与发展，充分尊重不同学生的个体性与差异性，让过程评价伴随和见证学生的学习过程和成长过程。转变评价主体，从教师的教转向学生的学，从"学"的各个方面、各个维度逐一进行评价与反馈，以学评教，以学促教，这样才能更好地了解教育的受载者——学生的需求，以评促改，以评促建，真正做到一切为了学生，为了学生一切，促进中职教育健康发展和学生的综合成长。转变教学效果评价维度，从重知识传达的教学任务评价转向重学生能力培养的能力本位评价，探索中职学校公共基础课教学评价改革时应树立以能力为中心的教学效果评价维度，一切以学生的能力培养为最终评价效果，建立学生能力本位评价效果体系。

5. 扩展和丰富教学内容

例如，目前中职学校使用的数学教材都是通用型教材，难以符合所有专业的教学需要，虽然教材编写形式有一定的提高，但是教材内容还是没有达到真正的实用性，学生认为数学科目与专业关联不多，与今后工作和发展关系不大。因此，教师在教学中需要精心备课，在教学过程中将课本中的知识点作为教学基础，将教材简单化、生活化，结合学生所学专业进行深入浅出、灵活多样的处理和加工，活化教学内容。例如，在中职数学课堂上讲解与几何学相关知识点时，教师可以将直线和圆的方程等相关知识点归类为教学的基础模块，将坐标轴的理论、应用、变化分析等与机械加工等专业知识相结合归类为第二个模块，对学生进行讲解。同时，教师应尝试"生本教育理念"，通过这种方式教师能够充分挖掘教材中数学知识与专业知识的结合点，并以此知识点为基础，对部分内容进行相应的加工，使课堂教学过程更加形象化、直观化、趣味化。

6. 强化学生动机教育

首先，教师要通过实例激发学生的学习动机，帮助学生确定学习目标，调动学生的学习积极性和主动性，鼓励学生积极上进，提高学生学习的内驱力。其次，教师在授课过程中应该使用多种教学方法，培养学生学习自觉性和激发学生学习兴趣，兴趣是最好的老师，提高兴趣的关键是充满鼓励表扬的评语和趣味盎然的学习生活。每一堂课都要让学生感受到师生关系的融洽和学习的乐趣，并让学生在每一次活动或者学习中尝试到成功的愉悦，这样学生对学习的兴趣会逐渐加强。最后，培养学生的自信，要努力给学生创造体验成功的机会，教师要有计划、有目的地对学生加以训练，使学生养成不怕困难、坚持不懈和不怕失败的精神，培养学生综合解决问题的能力，培养刻苦求学的精神，培养学生良好的学习习惯。发现学生的优点和进步，应及时给予表扬和鼓励，引导学生用心做好每件事。在课堂上教师要精心设计教学的每个环节，激发学生的参与热情，引导学生尽快进入学习状态。

2.2.2 学校层面改进对策

1. 改善中职教师待遇

改善中职教师待遇，要为教师实现发展性需求提供物质保障。基础性的生活与生存需求是实现教师发展性需求的前提。中职教师的职业和其他职业的最大不同之处在于所面临的工作对象的特殊性：从生源质量上看，不仅是正处于发展中的学生，更是学习习惯存在问题的学生；从工作重点上看，不仅要传授知识与技能，更重要的是要培养学生健全的品格。因此，中职教师的工作存在许多隐性的工作，这些工作常常没有评价标准，通常都出自于中职教师的事业心与责任心，是一份"平心而论"并且"无法测量"的工作。因此，学校应格外重视对中职教师发展性需求的满足，特别是在以下两个方面应引起重视：一方面，完善教师激励机制。通过各种激励、奖励制度，对中职教师的工作给予肯定，增强中职教师工作的成就感。另一方面，为中职教师个人发展提供资金支持。通过加大资金支持力度，积极鼓励中职教师在职进修和参加各种专业培训，为提升中职教师素质、满足中职教师个性化发展需求、激发教师自我实现的愿望提供物质保障。

2. 建立人性化的评价与管理体系

当前，各级各类学校对教师的管理与评价制度都存在过于注重量化的问题，虽然各类学校有所区别，但这是学校对教师管理的大趋势，这是毋庸置疑的。这种管理模式的特征主要有以下几点：第一，注重定量评价。对教师管理的手段与方法都采取定量的方式，强调整齐划一，强调统一性。第二，强调规章指标的数字化。将规章制度细化，加权分数，用数字化考核教师，强调计划性。第三，以严格的奖惩调动积极性。调动教师工作积极性的方式是靠奖金和福利待遇。第四，强调服从性。量化管理的优势十分明显，高效性、可控性等特点是完备的组织管理的有效方式，但是它对被管理者过分强调统一性与服从性的劣势也越来越被大家所关注。教师在这种刚性的管理模式下，关注的重点是怎样应对量化的考核表，怎样才能完成制度规定的任务，而不是潜心本职工作，研究教学与课本。新教育改革提倡培养学生的创造性，但是在这种刚性的管理模式下，全然不顾教师的创造性与积极性，教师为了完成任务不得不变得整齐划一，毫无特色与创新可言，给教师带来重重的困扰。改革量化管理模式，推进走向人性化管理；改变刚性考核，增加柔性评价；由闭合式转变为开放式既是缓解教师工作压力，也是提升教师工作积极性的根本策略。

2.3 中职学校公共基础课"五动"课堂学习行动模式方案

根据《国务院关于加快发展现代职业教育的决定》（国发〔2014〕19号）、《教育部关于深化职业教育教学改革全面提高人才培养质量的若干意见》（教职成〔2015〕6号）等文件精神，为推动中职学校内涵发展，全面提升人才培养质量。在职业教育面向人人、面向社会，着力培养学生的职业道德、职业技能和就业创业能力的背景下，中职学校必须进行教育教学改革，特别是课堂教学改革。因此，在目前中职学校公共基础课课堂教学质量普遍不高的背景下，中职教师可尝试采用新的课堂教学模式，如开展公共基础课"五动"课堂学习行动模式的研究和实践，让学生在课堂上"动口""动手""动脑""动心""动情"，全方位投入课堂，力争将课堂变得更加生动和鲜活，让学生能够在课堂上得到提升和进步，从而真正实现中职学校的教育目标。

中职学校公共基础课"五动"课堂学习行动模式主要分为激趣导入、目标引领、任务实施、多元检测、总结提升五个模块，每个模块环环相扣，逐步地为教学质量提供保障。

2.3.1 模块一：激趣导入

在导入环节中，教师需要创设一个能激发学生学习兴趣的情景，从而导入新课的学习，并且通过导学来明确学习目标等，此环节一般为 2 分钟。该环节要求教师根据教材特点、教学内容、教学目标、学生实际情况创设有助于学生自主学习、合作交流的学习情境，选择恰当的课堂教学导入方式，以此引发学生的思考与共鸣，从而激发学生的学习兴趣。教师在设计激趣导入时，要遵循针对性原则、铺垫性原则、激趣性原则、启发性原则、灵活性原则。常见的激趣导入的方法很多，例如，直观导入法、问题设疑导入法、情境导入法、讲故事导入法、"温故知新"导入法、实验演示导入法、练习导入法、游戏导入法等，现简单介绍几种。

1. 直观导入法

直观导入法是教师或者学生借助展示实物、标本、模型、图片、实验或放映幻灯片、录像等手段的一种导入课堂教学的方式。例如，学生的作品、作业，学生制作的幻灯片、录音、录像等，让学生积极参与其中，教师不要全部包办代替，让学生动手做、动口讲、动情演。

2. 问题设疑导入法

问题设疑导入法是教师给学生、学生给学生或者学生给教师创设一些疑问，创设矛盾，引起惊讶，使学生产生迫切学习的浓厚兴趣的一种导入方法。若能恰当地运用这种方法引入新课，学生的思维一般能较快地活跃起来。

3. 情境导入法

所谓情境导入法是利用语言、设备、环境、活动、音乐、绘画等各种手段，创设一种符合教学需要的情境，以激发学生兴趣，诱发思维，使学生处于积极学习状态的方法。情境创设一定要符合学生认知实际和生活实际，而且要紧扣教学内容和教学目标，不能为了创设情境而生搬硬套。

4. 讲故事导入法

讲故事导入法是以学生生活中所熟悉的事例、报刊上的有关新闻、成语典故等设置问题情境，使学生从中得到启示，对学习产生兴趣的导入方法。故事要有启迪性、趣味性，故事要与教学内容相关联，能唤起学生的情感共鸣。

5. "温故知新"导入法

孔子曾说："温故而知新，可以为师矣。"任何一门学科体系的确立，都必然遵循其学科知识的内在逻辑顺序，即由浅入深，由简单到复杂，由此及彼，由表及里，因此应高度重视新旧知识之间的内在逻辑联系和学生的认知特点，从学生已掌握的知识中导入新课，使新课不新，旧课不旧，让每个学生感到自己有能力学会、掌握新的内容，发展他们的自我效能感，激发学生学习的动机。这种方法即为"温故知新"导入法。

总之，为学生学习知识创设一个愉悦、和谐的教学氛围，激发学生学习的潜能，唤起学生学习的自觉性和创造性，让学生愿学、善学、乐学是"激趣导入"模块的宗旨。

2.3.2 模块二：目标引领

教学目标是教学要达到的预期效果，是教学活动的指向，是教学评价的依据，是教学活动的出发点和终点。这就要求教师和学生都要明确教学目标，展示目标时牢记目标，知识探究时围绕目标，多元测评时反馈目标，总结提升时梳理目标。目标是指挥棒，目标是终点站。教学目标的设定要遵循整体性原则、主体性原则、可测性原则、层次性原则、多元化原则、动态性原则。教学目标要难易适度、清楚明了。

教学目标具有导教导学的作用，主要是明确教学目的，确定整节课的教学基调，在导学过程中要使学生清楚本节课的学习目标、重难点等，同时可以分发《导学案》。

教师呈现教学目标，学生朗读或者抄写教学目标内容，师生共同理解教学目标，师生都做到心中有数，为教学活动的有效进行指明方向。

2.3.3 模块三：任务实施

"五动"强调耳动、眼动、脑动、手动、口动，需要调动学生的全身器官参与学习，使学生全身心投入到学习中。设置探究活动有利于学生在具体情境中亲历知识的形成，加深学生对知识的理解，同时也能提高学生的实际操作能力。为此，需要设计动手操作教学环节，加强学生在学习中的参与度。围绕教学目标，开展课堂教学活动，采用自主学习、合作学习和探究学习等方式进行知识探究、展开教学活动。学生"动心""动脑""动手""动口""动情"，主动参与学习，完成学习目标。本模块是课堂教学的主要模块，其核心是在"五动"中学习、探究，而不是被动接受。本模块包括明确任务、主动完成、展示交流、点拨评价四个主要环节。

1. 明确任务

明确学习任务是达成学习目标的重要环节，学习任务是指学生在课堂学习中要做哪些事情，要完成的任务。本环节的核心是教师引导学生围绕本堂课的学习目标明确学习任务，包括本节课的大任务，也包括各个学习活动的小任务，在一般情况下，大任务里面包含几个小任务。学习任务的质量和呈现的形式决定着学习目标的落实效果，所以要选准学习任务的内容，选好承载活动内容的形式。学习任务的设计和安排要合理，注意由浅入深，注意难点的化解；要充分关注不同层次学生的学习需求，要让学生明确小组或者个人的各种学习任务。

2. 主动完成

本环节是完成任务的关键环节，主要包括两个方面：

第一，自主学习，发现问题。自主学习是与传统的接受学习相对应的一种现代化学习方式，是以学生作为学习的主体，学生自己做主，不受别人支配，不受外界干扰地通过阅读、听讲、研究、观察、实践等手段使个体可以得到持续变化（知识与技能，方法与过程，情感与价值的改善和升华）的行为方式。"会学、善学、自悟、自励、自控"是对自主学习的要求。教师需要彻底改变以往学生被动接受的学习方法，变被动为主动，充分调动学生的积极性，设计探究活动，引导学生主动探究学习，发挥学生在学习中的主体作用，做到师生互动、生生互动，用鼓励性的语言或者采取奖励措施促进学生自主学习。

第二，质疑互动，解决问题。学贵有疑，小疑则小进，大疑则大进。学生在自学、初步感知的基础上，对教材中的有关问题提出自己的看法或者疑惑的地方。师生一起筛选出大家提出的最有价值的问题或者疑惑，展开小组讨论。通过老师与学生之间、学生与学生之间的讨论、交流、互动、对话，互相启发、互相补充、互相修正，去寻找解决疑问的方法。质疑是手段，解疑才是目的。教师对学生的质疑不能置之不理，也不能立即回答，更不要轻易否定，要把疑难问题尽量交给学生来解决，教师起到组织和引导作用，实现"无疑—质疑—释疑"的良性循环，通过有效控制、合理引导，要让学生动起来，真正体现学生主体地位，不要让质疑互动成为"走形式"。教师也要适时讲解和引导，教师要讲重点、难点、疑点，要讲易错、易混、易漏的地方，学生则要大胆质疑，主动参与。

3. 展示交流

展示交流、分享体会阶段是学生展示才华、迸发智慧的关键阶段，要鼓励学生敢于展示、善于展示；能畅所欲言发表自己的见解。教师不要越俎代庖，要给学生舞台，给学生机会。交流的形式可以多种多样，可以比赛展示，也可以分组展示。

4. 点拨评价

学生交流展示时，教师要做出精当点评，并给予一定点拨，在此过程中，学生在教师的带领下共同进行评析，并盘点所学内容，教师需要引导学生去记住本节课的一些要点和需要掌握的知识方法。教师要对本节课的易错易混淆点、方法规律总结等进行精讲，并要求学生做好笔记。学生之间也可以相互点评，勘误纠错，建立正确的知识系统。

总之，"任务实施"模块是以培养学生探究、合作的学习能力为基础，以激发学习兴趣为契机，以完成教学目标为宗旨。教师是教学的"向导"，其任务是调动学生学习积极性，引导学生通过摘抄、批注、勾画、练习、阅读、思考、讨论、演练、交流、倾听、观看、记录、识记、感悟、体验、品味、观察、推理等获得知识、发展能力。教师要创设良好的氛围，把握好教学的难度，设置好教学的深度，控制好师生的活跃度。

2.3.4 模块四：多元检测

在教师的指导下，围绕本堂课的学习内容和教学目标，老师引导学生总结、归纳本堂课知识，要求学生完成《导学案》中的检测练习或教师口头提问检测，选用恰当方式强化之前展评的知识内容，并布置课后练习。师生评判本堂课学习目标达成情况。检测性质包括定量检测、定性检测。检测方式包括学生自评、生生互评、教师测评。检测形式包括书面检测、口头检测等。在此环节中，可以让各个学习小组或者同桌、邻桌交叉评定，并记载测评结果。测评内容要尽量体现实用性和趣味性，测试题难易适度，测试方式要方便操作。这样的达标检测既可以客观评价学生的学习状况，更能激发学生进一步学习的信心和勇气。

2.3.5 模块五：总结提升

总结提升模块在课堂教学中起画龙点睛的作用，能促进学生梳理知识构架、归纳知识要点、深化知识理解、掌握知识规律、建立知识系统、查找学法得失，有助于教师总结课堂教学的优劣，有助于教师不断优化教学设计。要求学生能在自主测评基础上，总结经验，反思不足，从而帮助学生查漏补缺，引导学生课外拓展延伸，激发学生进一步学习的愿望，提升自主学习能力。课堂小结要紧扣教学内容，着眼于学生对所学内容的理解、巩固、完善、提升：课堂小结要给学生预留充足的时间去想、写、说、听、议，让学生积极归纳、对比、发散、总结、拓展、想象。课堂小结语言要简洁明快、形式要灵活多样。

第 3 章

中职学校公共基础课"五动"课堂学习行动模式评价方案

第 3 章　中职学校公共基础课"五动"课堂学习行动模式评价方案

3.1　评价的指导思想

中职学校公共基础课"五动"课堂学习行动模式的建立是以习近平新时代中国特色社会主义思想为指导，以服务社会为宗旨，以培养人才为目标，以课堂教学改革为重心，以学生全面发展为根本，全面实施素质教育，大力提高办学效益，促进教育持续、均衡、快速发展，为经济发展提供人才保障。

本着"培育和践行社会主义核心价值观，着力提高人才培养质量"的建设思想，借鉴"自主课堂"模式和"五环四步"等教学模式，中职学校公共基础课"五动"课堂学习行动模式可以让学生在学习过程中充分地动口、动手、动脑、动心、动情，切实激活学生的学习主体身份，而对中职学校公共基础课"五动"课堂学习行动模式进行有效评价，才能最大程度地实现主体的全员参与、全程参与和全方位参与，为将来继续学习奠定基础。

3.2　评价的基本理念

1. 坚持"以提高学生的学习行动能力为主"

在瞬息万变的现代社会，知识更新快，一个人必须具备自主学习能力，方能适应社会并胜任工作。例如，重庆市巴南职业教育中心育人理念：经文纬技，养正德育。这就要求学生不仅要重视专业课程的学习，更要重视文化课程的学习。"五动"课堂学习行动模式可以促进学生像掌握一门手艺那样掌握学习方法，提高课堂学习的有效性。

为了更好地促进公共基础课"五动"课堂学习行动模式的推广实施，应制定切实可行的评价方案。该评价方案应以学生的学习行动作为教学评价的核心，目的是通过有效的考核和合理的评价，促进和谐课堂的生成，提升学生的信心，激发学生继续学习的兴趣。

2. 注重考察"五动"在教学过程中的自然融合和合理搭配

为了保障"五动"课堂学习行动模式的顺利开展，教师要制定切实可行的主体参与教学策略，包括课前准备策略和预习策略、课中导学策略、课后发展策略。以自主学习、合作学习和探究学习为主要学习方式，导学相融，学教一体。旨在帮助学生以最佳状态进入学习，并享受学习过程，从而既收获知识，形成能力，又陶冶情操。教师的教学策略要富有灵活性，不能把"五动"固定地安排在某个环节，为了"五动"而"五动"，否则就违背了这个学习行动模式的初衷。因此，该评价方案应更多地考察各个环节中"五动"的合理性和效果达成度。

3. 坚持"评教"与"评学"相结合，侧重"评学"

课堂教学是教师组织和引导学生进行有效学习的过程，是师生互动、生生互动共同实现具体发展目标的过程。

课堂评价重视的是对学生的实践能力、再学习能力、综合素质等能力的培养。在评价课堂的时候，不仅要关注教师对"五动"的引导能力，更要关注学生在课堂上的学习表现及收获。

"评教"可以促进教师不断提高教学能力，有利于大面积提高教学质量。"评学"可以考察学生的学习状态和学习效果，有利于学生反思并改进自己的学习方法及情感态度。课堂教学评价要以"评学"为重点，坚持"评教"与"评学"相结合，以此来促进教师转变观念、改进教学。

4. 体现开放性和包容性

课堂教学具有丰富的内涵，除了学科、学生、教师、教学条件诸多不同外，还有专业的特殊性，这些都使课堂教学情况千变万化。确定课堂教学评价指标体系，既要体现课堂教学的一般特征，又要为不同学科和不同条件的课堂教学留有可变通的余地。提倡创新，鼓励特色教学，既要有公共基础课本身的意义，还可以与专业、与行业、与社会需求相联系。评价时既要鼓励教师的实际操控能力，也要用欣赏的眼光看待学生的课堂表现能力，只要是符合"以提高学生的学习行动能力为主"的基本理念都可以包容地接受。

5. 体现可行性和通用性

可行性是实施评价的前提。课堂教学评价指标体系要符合当前课堂教学改革的实际，评价标准是期待实现的目标，但又必须是目前条件下能够达到的，以利于发挥评价的激励功能；评价要点必须是可观察、可感受、可量化的，便于评价者进行正确的判断；评价办法要注重质的评价和量的判断，力求简单、易于操作。

中职学校公共基础课有语文、数学、外语、德育等好几门学科，所以该评价方案的指标应注重各基础学科的通用性，在"五动"课堂学习行动模式这个大前提的指引下，基本观点是一致的，教学模块是相通的，只是在实施过程中会有细微的差别，因此，评价指标要能够估计得到，并成为一种方向给教学者以指导。

3.3 课堂的评价标准

3.3.1 评价指标

"五动"课堂的评价指标是课堂"五动"。即在教学活动中，教师要最大程度地启发、引导学生"动心""动脑""动手""动口""动情"，主动地学习，愉快地学习，有效地学习。

"五动"课堂的评价内容包括五个项目，即教学设计、教学环境、教学实施、教学效果、教师素养。其中最核心的是对教学实施这项内容的评价。教学实施包括激趣导入、目标引领、任务实施、多元检测、总结提升五个模块。

"五动"课堂评价方案采用百分制。教学评价表应列出各项内容的评价要素、评价标准及分值。

1. 教学设计（15分）

教学设计中须包含五个模块——激趣导入、目标引领、任务实施、多元检测、总结提升，并明确师生在各个教学模块中如何"动"，以利于教学目标的达成。

（1）教学目标基于课程标准及学情；三维目标明确、具体、可检测；重难点清晰，符合该班学生实际。

（2）教学内容科学、正确，与教学目标一致，体现课程的育人价值。教学内容与学生的心理特征和认知水平相适应，关注学生的差异，知识要点的设计合理。

（3）教学活动的设计与教学目标一致，任务选取具有典型性，活动的量要适当。

活动要有一定的结构性，要相对完整，活动结束要做小结。

2. 教学环境（10分）

（1）教学资源能满足教学活动开展的需要，能给学生创设良好的学习条件。课前准备充分，教学设备符合课堂要求，多媒体做好调试。

（2）营造和谐、民主的学习氛围，利于激发学生学习动机，促进学生积极"五动"。课前与学生进行充分的沟通，师生互动充分，对话友好，学生的人格受到尊重，学生的讨论和回答问题得到鼓励，学生的质疑问答得到鼓励，学习进程张弛有度，课堂气氛活跃、有序，师生、生生交流平等、积极。

3. 教学实施（50分）

（1）教学方法符合学生的学习特点，有利于教学重点、难点的突破。重点突出，解决重点的方法合理，能让全班同学都可以有所收获，实现一课一得的教学任务。难点的突破要自然流畅且方法得当。

（2）关注学生的学习过程，给予及时、恰当的指导和评价。关注学生学习过程的方法多样化，可以眼神关注，可以语言询问，可以提问回答，等等，老师的回答必须是到位的，既要针对个人又要面向全体。

（3）学习活动时间充足，生生、师生互动多样且有效。时间分配合理，重点教学的时间充足，过程完整，活动形式多种多样。激励学生对问题情景的关注，参与活动积极主动。学生参与学习活动的时间适度。学生参与活动要有深度，能提出有意义的问题或能发表个人见解，能够倾听、协作、分享。

（4）尊重学生的个体需求与差异。为大多数学生提供平等参与的机会，对学生的学习活动进行有针对性的指导，根据学习方式创设恰当的问题情景，采用积极、多样的评价方式，教师的评价性语言要准确，有激励性和启发性。

（5）现代教学技术和手段的运用适时、恰当，有利于促进学生学习。事先准备好教学所需要的教学辅助设备，能够熟练运用多媒体设备，能够应对课堂上的生成效果，不过度依赖多媒体。

4. 教学效果（15分）

（1）教学目标达成度高。三维目标一一实现，而且结构清晰，效果明显。

（2）学生学习兴趣高，参与面广。参与学习的人数多，积极思考的学生表现出色，学生探索的问题有深度，能够与现实社会相联系，学以致用。

5. 教师素养（10 分）

教师专业（学科）功底扎实，讲解（演示）清晰正确，教态亲切自然，板书清楚规范，课堂组织和调控能力强。

3.3.2　标准描述

在"五动"课堂评价的五项内容中，"教学实施"是评价的核心。因此，本方案特别对教学实施五个模块的评价标准做出具体的描述。

1. 激趣导入

要求教师根据教材特点、教学内容、教学目标、学生实际情况创设有助于学生自主学习、合作交流的学习情境，选择恰当的课堂教学导入方式，以此引发学生的思考与共鸣，从而激发学生的学习兴趣。教师在设计激趣导入时，要遵循针对性原则、铺垫性原则、激趣性原则、启发性原则、适应性原则、灵活性原则。

2. 目标引领

教学目标是教学要达到的预期效果，是教学活动的指向，是教学评价的依据，是教学活动的出发点和终点。教学目标的设定要遵循整体性原则、主体性原则、可测性原则、层次性原则、多元化原则、动态性原则。教学目标要难易适度、清楚明了。

3. 任务实施

围绕教学目标，开展课堂教学活动，采用自主学习、合作学习和探究学习等方式进行知识探究。学生"动心""动脑""动手""动口""动情"，主动参与学习，完成学习目标。这是"五动"课堂学习行动模式的关键环节，其核心是学生在"五动"中学习、探究，而不是被动接受。本环节包括自主学习、质疑互动、展示交流、点拨评价四个小环节。

（1）自主学习、发现问题。本环节教师要善于启发引导学生去发现问题，自主学习是与传统的接受学习相对应的一种现代化学习方式，是以学生作为学习的主体，学生自己做主，不受别人支配，不受外界干扰，通过阅读、听讲、研究、观察、实践等手段使个体可以得到持续变化（知识与技能，方法与过程，情感与价值的改善和升华）的行为方式。"会学、善学、自悟、自励、自控"是对自主学习的要求。

（2）质疑互动、解决问题。学贵有疑，小疑则小进，大疑则大进。通过老师与学生之间、学生与学生之间的讨论、交流、互动、对话，互相启发、互相补充、互相修正，去寻找解决疑问的方法。质疑是手段，解疑才是目的。教师要讲重点、难点、疑点，教师要讲易错、易混、易漏的地方，学生要大胆质疑，主动参与。

（3）展示交流、分享体会。展示交流、分享体会阶段是学生展示才华、迸发智慧的关键阶段，要鼓励学生畅所欲言发表自己的见解；要给学生舞台，给学生机会。交流的形式可以多种多样，可以比赛展示，也可以分组展示。

（4）点拨评价、知识内化。学生交流展示时，教师要做出精当点评，并给予一定点拨，学生之间也可以相互点评，勘误纠错，建立正确的知识系统。

4. 多元检测

在教师的指导下，围绕本堂课的学习内容和教学目标，师生评判本堂课学习目标达成情况。在此环节，可以让各个学习小组或者同桌、邻桌交叉评定，并记录测评结果。测评内容要尽量体现实用性和趣味性，测试题要难易适度，测试方式要方便操作。这样的达标检测既可以客观评价学生的学习状况，更能激发学生进一步学习的信心和勇气。

5. 总结提升

在自主测评基础上，总结经验，反思不足，帮助学生查漏补缺，引导学生课外拓展延伸，激发学生进一步学习的愿望，提升自主学习能力。

3.4　评价表解读

评价表的设置包括：评价指标、评价内容、评价要素、评价标准、分值、得分、备注和总体评价等。

第3章 中职学校公共基础课"五动"课堂学习行动模式评价方案

公共基础课"五动"课堂学习行动模式教学评价表

评价指标			评价要素			评价标准	分值				得分	备注
五步	五动	五能	五步（教师）	五动（学生）	五能（学生）	师生活动明确 利于目标达成	15	12	9	6		依据授课计划
			课前准备，教学资源，教学设备，多媒体选用，学习氛围			教学资源充足 教学设备恰当 利于学生积极"五动" 学习氛围好	5	4	3	2		依据现场观测
激趣导入	动心	能听	质疑、讲述、演讲、表演、演算、观看	眉欢眼笑 面色凝重、瘪嘴、害羞、惊讶、偷笑、囧	神情专注 抬头注目 手足安放 氛围浓厚	精心设计 激发兴趣	15	12	9	6		
目标引领	动脑	能说	展示、解读	思考状、眼珠转动、蹙眉、托腮	表达清晰 观点明确 见解新颖 逻辑严密	清楚明了 切实可行	5	4	3	1		
任务实施	动口	能读	摘抄、批注、勾画、练习、阅读、思考、讨论、演练、交流、倾听、观看、记录、识记、感悟、体验、品味、观察、推理	举手、鼓掌、表现欲强、发言踊跃、讨论热烈、有感而发、对答和交流积极	口齿清晰 字正腔圆 情感流露 内容切题 自我思考 体验独特	任务明确 积极主动 生生互动 师生互动	20	18	16	14		依据课堂"五动"达成度
多元检测	动手	能写	自测、互测、集中检测	听从指导 配合行动	积极投入 成果展现	对照目标 简单易行 方式多样	5	4	3	2		
总结提升	动情	能用	归纳、提炼、分析、反思	油然而生、意犹未尽、共情、共鸣、姿态丰富	启而有发 触类旁通	有针对性 有启发性 有借鉴性	5	4	3	2		

续表

评价指标	评价要素	评价标准	分值				得分	备注
教学效果	目标达成情况 "五动"参与度	目标达成度高 "五动"参与度高	25	20	15	10		依据学生自评
教师素养	学科功底 语言表述 仪表教态 板书设计 课堂调控	功底扎实 讲解正确 教态自然 板书规范 调控力强	5	4	3	2		依据综合表现
总结评价			总分					满分100分

附注：评价时，参考表中罗列的"五步、五动、五能"要素，勾选出用到的要素，根据程度及效果打分。总体评价分"优秀""良好""合格""不合格"四个等级。

（1）"评价指标"是课堂"五动"，即评价学习主体在课堂教学活动中"动心""动脑""动手""动口""动情"的参与面、参与度及有效性。

（2）"评价内容"包括教学设计、教学环境、教学实施、教学效果、教师素养。

（3）"评价要素"列出了评价各项内容时应参考的要素。

（4）"评价标准"针对各项内容的评价要素进行评价，主要评价课堂"五动"的情况及效果。

（5）"分值"是根据该项内容在整个课堂教学中的比重，给出了不同档次的分数，用阿拉伯数字表示。评课者根据课堂上师生"五动"的情况及效果进行量化打分。

（6）"备注"是针对"评价指标"给出的参考内容，以方便评课者衡量"五动"课堂的实际效果。

（7）"总体评价"是评课者在整堂课结束后，给出的定性评价，分"优""良""中""差"四个等级。

3.5 评价表使用说明

制定课堂教学评价方案的目的，是为任课教师、教育管理人员和教学研究人员实施课堂教学评价提供基本依据。本评价方案主要适用于对日常教学的形成性评价，评价单位为一节课。

1. 等级评定办法

本评价方案采用百分制,量化评价与定性评价相结合,定性评价分"优秀""良好""合格""不合格"四个等级;90 分以上为优秀,79－80 分为良好,60－79 分为合格,60 分以下为不合格。

为了鼓励教师在教学过程中的突出表现,等级评定时,要多方考虑班级特点和学科特点,例如,全男生班级评价标准可适当放宽。

2. 使用程序

(1)评课前,评课人要认真阅读评价方案,熟悉评价要素及评价标准。

(2)评课前,评课人要了解执教者的教学设计(文本)。

(3)评课人在评课过程中,根据评价要素及课堂"五动"效果对各项内容做出恰当的评价。

(4)课后,执教者根据评价指标进行自我评价及教学反思。

(5)评课人根据教学实施情况及课堂"五动"效果,结合教师素养等,按照评定等级的办法评定等级。

第4章

中职语文学科"五动"课堂学习行动模式方案

4.1 中职语文学科"五动"课堂学习行动模式方案

4.1.1 语文阅读课模式构建

"五动"课堂五环节学习模式——构建以"激趣导入、任务驱动、合作探究、分享展示、小结升华"为主线的课堂框架。

（1）激趣导入：创设学习语言的情景。老师通过认真备课、分析，结合本堂课及语文学科特点，采用提问、图片展示、讲述作者背景、播放相应主题视频等形式，唤起学生对文章内容的初始印象（动心、动口、动脑）。

（2）任务驱动：通过第一个环节对学生的刺激，接下来展示本堂课的学习目标并将目标分解成具体的学习任务进行实施。一般把本堂课的重点、难点各设置成一个任务，在老师的带动下逐一完成。（根据具体授课内容，任务数是可变的，但是至少要保证学习重点和突破难点这两个任务）（五动）

（3）合作探究：在课堂学习活动中，知识传授完成并不意味着学习活动的结束，针对语文阅读的特殊性，学生对重点把握如何，知识输入量和储备量达到一定标准后，还要看学生的输出如何，也就是看学生能否灵活运用所学知识做好阅读理解与分析。所以提倡学生以小组合作学习的方式，老师布置检测任务，小组成员带着任务就新授课内容进行拓展运用，进一步探究文章使用的修辞手法和撰写目的，尽量做到学以致用并能知识迁移。（五动）

（4）分享展示：本环节主要是对本堂课学习效果的检测，老师根据本堂课的主要目标，通过小组合作探究完成老师布置的检测任务，然后以小组为单位推选代表上台展示，老师根据学生的展示效果可以了解本堂课的学习效果。（五动）

（5）小结升华：本环节是对学生和老师本堂课的一个小结，既包含学生的收获也包含老师的收获，对一堂课的及时评价更有利于师生的共同发展，学生谈收获和不足，老师对学生的课堂表现和自己的表现进行客观评价，这样可以促使师生共同进步。（五动）

4.1.2 语文实践课模式构建

"五动"课堂五环节学习模式——构建以"预习验收、任务驱动、合作探究、展示分享、评价反馈"为主线的课堂框架。

（1）预习验收：一般课前老师会先布置部分练习让学生预习，本环节是为了对学生的预习与否进行检查，目的是督促学生养成预习习惯，给学生施加点压力，严格要求，学生照办，课堂活动开展起来就会顺利一些。（动口、动脑）

（2）任务驱动：检查完学生的预习后，要当堂明确本堂课要完成的任务，可以指派各学习小组完成不同的任务，学习小组领到任务后就进入完成任务环节，小组成员就会为了完成任务积极行动起来。（动口、动脑、动手）

（3）合作探究：各小组完成任务的过程也是小组合作探究的过程，在此过程中，老师要四下巡视和指导。组内成员要相互帮助，共同提高。（动心、动口、动脑、动手）

（4）展示分享：经过老师引导，小组合作完成任务后就到了展示分享环节。老师可以让不同小组展示他们完成的不同任务，当别的小组展示时，其他小组成员要做好记录，老师也要做好各小组展示的效果记录，以便展示完成后相互点评。（动心、动口、动脑、动手）

（5）评价反馈：展示分享完成后，小组间可以根据记录对各小组展示汇报情况进行相互评价，老师也要对各小组完成任务的效果进行点评，师生共同反思，共同进步。（动心、动口、动脑、动手、动情）

4.2 案例一：作文风格选择与写作

作文风格选择与写作教案

课题内容	作文	课时安排	1课时
学情分析	学生的语文基本素质不错，课堂表现也很积极，主动配合老师的教学。作文学习方面，有自觉学习的意识，愿意付出行动来学习，在定主题、厘清结构方面有大的进步，但是精品不多，问题出在缺乏技巧上。		

续表

教材分析	本节课主要是接着上面的课程——作文前十分之一部分的处理，之前讲了题目和主题，今天讲风格。
教学目标	（1）了解四种不同的风格，学会基本区分。 （2）通过例文比对，明白几种风格的特点。 （3）初步学会四种风格，并运用到写作中，从而爱上写作。
教学重点	了解四种风格。
教学难点	学会运用风格。
教学方法	讲授法、讨论法。
学习方法	小组合作探究法。
教具准备	多媒体课件。

教 学 过 程

环节时长	教师活动	学生活动	设计意图
一、导入 （2分钟）	之前进行了多次作文训练，了解了写作的一些技巧，今天将继续学习写作。这节课主要针对"语言风格"来详细说说。 作文的十分之一部分是很关键的部分，所谓的十分之一是根据全篇的字数来定的，以1000字的文章为例，就是开篇的100字应该完成的任务，一是明确主题；二是明确风格。 （板书：作文技巧之风格）	学生跟着回忆之前学过的相关知识。 （动心、动脑）	开门见山，温故而知新，为后面的实践留下充足的时间。
二、概念认识 （8分钟）	1. 播放视频 2. 总结 （1）视频总结。世界时装秀：大气、隆重、浓墨重彩。《微微一笑很倾城》：轻松、小清新，犹如春风拂面。《妈妈再爱我一次》：悲伤、压抑、背景色暗淡。宋小宝小品：幽默、搞笑、句句精彩。 （2）拥有风格之后的魅力：具有吸引力、具有感染力、增强识别力。 3. 语言风格形成的要素 （1）词语的运用（感情色彩、冷暖色调）。 （2）心理描写、细节刻画。 （3）外界景物的烘托。	学生观看视频，直观体会：不同风格的不同特色。 （动脑、动心） 一起思考、一起回答。着重记忆。 （动心、动口）	多媒体教学，更直观，更能实现教学目标。 重点解析。

续表

环节时长	教师活动	学生活动	设计意图
二、概念认识 （8分钟）	4. 语言风格分类 朴实无华、婉约华丽、风趣幽默、含蓄凝重。根据它们风格所表现出来的色调，可以搭配相应的颜色：朴实无华——翠绿色；婉约华丽——大红色；风趣幽默——天蓝色；含蓄凝重——浅灰色。		用色彩来标注，具有创意。
三、重点来了 （20分钟）	以下分小组完成任务： 　　第一个任务：辨识 四篇例文：《你是我的情人》《细若尘、爱如丝》《老师的兵法》《为你而活》。 1. 判断出各自的风格 2. 用一句话归纳语言风格 解答： 《你是我的情人》——朴实无华：忠于叙事，不做修饰，语句简单清晰，宛如闺密耳语。 《细若尘、爱如丝》——婉约华丽：句句考究、字字含情，辞藻瑰丽，读来犹如手从锦缎滑过。 《老师的兵法》——风趣幽默：妙语连珠，人物形象跃然纸上，江湖术语活用，开篇即夺人眼球。 《为你而活》——含蓄凝重：一针见血开篇，即刻让人掩泣，营造出让人窒息的氛围。 3. 小结强调 (1) 词语的运用（感情色彩、冷暖色调）。 (2) 心里描写、细节刻画。 (3) 外界景物的烘托。 　　第二个任务：实践 1. 老师示范 素材：小珂朝我飞奔过来。	完成任务一： (1) 认真阅读例文。 (2) 小组讨论完成两个小题。 (3) 请代表发言。 （动脑、动口） 用心体会。记在笔记本上。 学生认真学习老师的示范。抓住"小雨、外貌、夸张时尚的词语"。	合作学习，增强学习积极性和学习效果。 这个有难度，但是认真思考，应该可以得出接近的答案。 老师率先垂范，给学生做个好榜样。

续表

环节时长	教师活动	学生活动	设计意图
三、重点来了（20分钟）	幽默： 　　小雨就这么莫名其妙地来了，我悠闲自得地站在屋檐下，欣赏着街上那些傻得跟雨赛跑的人。这时，我的克星小珂居然也出现在了雨中，她在狂奔，她以为自己是刘翔。不好，她的目标是我！我赶紧躲闪，可是她的巨大的脸蛋还是瞬间就来到了眼前，湿漉漉的头发贴在脸上，整个样子就像刚从菜板上逃出来的鱼。 　　"哈哈！"只听得她一声大笑，朝我扑来！ 　　"呀！"我一声惨叫，果然被扑倒！ 凝重： 　　天气忽然降温了，夹杂着冰凉的小雨，眼前的世界安静了很多。我独自坐在屋前的长椅上，等待着小珂！雨丝被风吹着肆意乱飞，飞到我身上，浸入我衣衫，凉透了我的心！ 　　雨雾里有了一个熟悉的身影，在艰难地狂奔，我赶紧站起来，冲进雨里，"小珂——" 　　小珂一下子扑进我怀里，撕心裂肺地吼道："我的妈妈，她死了！" 2. 学生实践 素材：夜晚，路灯下，一个姑娘在等待……	重点体会：小雨的烘托作用，营造出的冰冷而安静的环境；小珂的语言。 （动心、动情） （1）小组抽取风格。 （2）快速创作。 （3）上传QQ。 （4）准备分享。 （五动）	学以致用。
四、巩固/作业（5分钟）	第三个任务：选择风格 素材：11·24感恩节。 要求：开篇100字，体现风格。 活动方式： 1. 自选风格 2. 讨论 3. 草稿 4. 抄写在作文本上	小组选择风格，然后独立完成作品。 （动手、动情、动心、动脑）	这是个机动设计，如果课堂有时间就做，没有时间就作为课外作业。

续表

环节时长	教师活动	学生活动	设计意图
五、总结 （5分钟）	（1）着重掌握的四种风格：朴实无华、婉约华丽、风趣幽默、含蓄凝重。 （2）风格要有"度"；朴实不等于干瘪无味，含蓄不等于故作深沉，幽默不等于低俗无聊，华丽不等于堆砌辞藻。	学生回答一部分，老师归纳一部分。	"度"的提出，防止极端化。
六、备课反思	（1）心中并没有多少把握，主要是怕冷场，因为实践部分有难度，尤其是归纳语言风格部分。 （2）时间的分配也不明确。		
七、板书设计	作文技巧之风格 作文十分之一处： 明确主题 　　　　　　　　　明确风格 — 朴实无华／婉约华丽／风趣幽默／含蓄凝重		

4.3　案例二：散文阅读与领悟

《永远的校园》教学设计

课题内容	永远的校园	课时安排	2课时
教材分析	本课是当代文艺批评家、诗人谢冕的散文作品。作者1955年考入北大中文系，后留校任教，经历了北大半个世纪风雨洗礼，对北大有着深厚的感情。作者以北大人的身份，深情述说眼中的北大和心中的北大。一方面引领读者感受北大校园的美丽景色；另一方面引领读者深层次感受北大的深厚、丰富、伟大的校园精神。		
教学目标	（1）把握行文思路，领会语言的抒情性和诗意美。 （2）领会"永远的校园"的含义，感受北大丰富而伟大的校园精神。 （3）结合自己学校特点，引导学生思考提炼本校的校园精神，从而深刻体会作为中职学生应具备的精神内涵，思索自身的发展方向。		
教学重点	领会北大丰富、伟大的校园人文精神。		

续表

教学难点	结合本校特点（校训等理念），深入思考学校的精神内涵，思索自身精神追求。
教学方法	（1）课型：新授课、阅读课。 （2）教法：讲授、启发、谈论、演示、练习、讨论。 （3）教具：多媒体课件（包括图片、音频、视频及文字材料）；培养学生对校园人文精神及其作用的思辨能力。
学习方法	（1）小组合作探究学习。课前要求学生预习阅读全文，初步感受课文思想内容。 （2）理解阅读学习。课后在整理课文笔记时，以学生个体的理读为主。
教学模式	"五动"课堂学习行动模式（动心、动脑、动口、动手、动情）。
教具准备	常规教具、电子资料、多媒体。

教学过程（第1课时）

教学环节	教师活动	学生活动	设计意图
一、激趣导入	老师：同学们，大家刚来到的学校学习，我想问一下大家对新学校的感觉怎么样？在你们的印象中，学校的状况如何？诸如环境、设备、教学等各个方面的情况，大家可以畅所欲言。 （学生自由发挥，踊跃回答） （学生回答可能如下：美丽、清净、明亮、宽敞、和善（的老师），等等，板书学生的回答。 很好，大家都说出了自己的真实感受。来看一下同学们的回答。同学们说到的这些印象都是比较表面化的，如风景优美、绿树葱茏等。有没有同学可以说出学校的校园精神是什么？她的本质内涵是什么？（稍停顿）大家可能因为刚到学校不久，接触到的东西来不多，所以回答不出来。好，那么就来看一位在自己学校里一待就是半个世纪的老人，在他眼里，他的母校——北京大学是怎样的印象？这就是今天要学习的这篇课文——谢冕的《永远的校园》。	师生互动共同参与。 学生发言或用简洁的词语上台板书。	通过动脑、动手激发学生进入对课文的学习。 引导正面回答，初步思考感受题意。

续表

教学环节	教师活动	学生活动	设计意图
二、目标引领	展示教学目标，并简要提示。	齐读，了解。	明确教学目标。
三、初读感知	多方式组织学生阅读感知课文、交流初读后的感悟。 （1）强调朗读要求：准确、流畅。 （2）让学生借助注释阅读课文。 （3）关注学生朗读	识字读文，质疑字词句的理解。 初步感知课文、交流初读后的感悟。	对课文进行整体感知，为品读环节打下基础。
四、品读赏析与问题探究	（一）展示背景资料，弄清作者与北大的关系 谢冕，著名作家、诗人，北大文学院教授，自他大学毕业以后，就一直在北大任教，一待就是50多年。有没有同学知道北大的历史由来？ 北大，全称北京大学，前身是"京师大学堂"，成立于1898年12月，是清末戊戌变法、维新运动的产物。1912年5月，改称北京大学。严复是第一任校长。 北京大学也是"五·四"运动的发祥地，是中国新文化运动的中心。在"五·四"运动中起到了重要的先锋作用。当时，新文化运动的一些核心人物，如胡适、陈独秀、李大钊、鲁迅等都曾在北大任教。后来为了纪念"五·四"运动，继承"五·四"精神，北大就将"5·4"定为校庆日。 （二）课文品读 （1）引导学生选择性快读，老师展示问题： A. 作者在前5个自然段写了什么？ B. 描绘校园诗意美和抒情性的语句有哪些？（略）	学生思考回答北大背景的当代名人：（国务院总理李克强、康佳集团总裁侯松容、TCL集团副总裁严勇、联想集团副总裁马越、国美电器总经理何炬、红蜻蜓集团董事长钱金波、李宁体育用品集团公司董事长兼总经理李宁、深圳万科集团总经理郁亮等） 学生快读，概括5个自然段大意，抢答问题一。	初步感知北大人文精神培养出大批名人精英。 训练学生概括能力，促进动脑。

续表

教学环节	教师活动	学生活动	设计意图
四、品读赏析与问题探究	C. 校园在他眼中是怎样一个概念？ （写了谢冕对北大美丽景色的真实感受。在文中主要是表层的概念，在他眼里北大校园是既具体又抽象的。） （2）引导学生体会文章结构方法——过渡。 第6自然段在文章中的作用如何？ （着重针对第6自然段的第一句话："我同样拥有精神上的一座校园"所起到的承上启下的作用。在这里作者从具体的校园走向了抽象的校园。） （3）指导生学习感受北大校园人文精神。 A. 展示问题：作者在7—12自然段谈到了哪些抽象的校园精神？ a. 具有向习惯思维和因袭势力的抗争精神； b. 不单纯、富有个性； c. 校园里有一种特殊的气氛：机智、聪慧；洒脱、活泼； d. 民主与科学：北大的精神支柱。 B. 深入感受"永远的校园"。 问题：怎样理解永远的校园？ a. 永远是指校园的精神永远、永存； b. 因为北大学子代代传承校园精神； c. 因为北大魂与中国魂共生永存。	勾画诗意抒情句子，感情朗读。 学生讨论、回答。 师生谈论过渡段、句的重要作用。 指导学生快读、勾画、归纳、相互讨论，找出体现校园精神的原句，然后表述，深入感受北大校园精神内涵。 思考"永远"内涵。 举例写、谈"永远"。 （例如，"雷锋永远活在我们的心中。""没能进入大学校园学习是心中永远的痛"……） 永远的校园是指北大精神和信念超越物质、时间、空间而长远、永久存在。 （师生共谈表述）	训练学生抓住要点，动手、动口，情感共鸣，领会作者情感。 巩固文章结构技巧。 促进动脑、动手、动心、动口，达到参与、领会目的。 促进动脑、动口、动手。

续表

教学环节	教师活动	学生活动	设计意图
	C. 末段作者又表达了什么思想感情？ 老师点明：表达了继承优良传统的热切愿望，进一步凸显北大不朽精神。 （北大不灭的精神——北大校园精神的延续） （4）完成课堂练习，词语积累。 曼妙、欢愉、怨尤、弦诵、耿介不阿、虔诚、阻扼、肃杀。（老师书上标注，讲解） （5）根据笔记的北大精神，校内观察或网上查找本校校训、校风、学风等教育理念。课后思考本校校园精神（正面的）。	学生读、抄写、注音、理解。 动脑、动手、记笔记，并思考理解。	促进动脑、动手，巩固积累，丰富学生的语言积累。 为下一节课做准备。
四、品读赏析与问题探究	（三）品读领会文章多种表达技巧 文章写得生动离不开修辞手法，进一步体会本文语言抒情性和诗意美。 （1）首尾设喻：把自己比作蒲公英种子，结尾写种子不再移动。 目的是什么：形象表达愿为北大精神做出奉献、永远传承的愿望。结构严谨。 （2）将北大人格化：勇敢抗争、不单纯、神妙的繁衍、有永存的灵魂。 目的是什么：生动展现北大精神，增强感染力。 （3）大量用排比句：例如，总是……总是……总是……等句。 目的是什么：增强文章的情感力度。	学生讨论常见修辞手法有哪些。个别回答北大校园精神。 老师依次提示后，学生找出相关句子勾画标注。 谈谈作用。 学生朗读。	巩固积累修辞手法。

续表

教学环节	教师活动	学生活动	设计意图
五、拓展应用	（四）拓展 （1）引入：2003年2月25日，在首都北京发生了两起震惊中外的爆炸案，即先后发生在清华大学荷园餐厅和北京大学农园餐厅的爆炸案。这两起爆炸案虽然比不上恐怖分子驾机撞毁世贸大楼那样引人注目，但在很少发生恐怖流血冲突的中国大陆来说，这的确也算得上是惊天动地的事情了，最引人深思的是：恐怖分子为什么要选择清华和北大进行作案呢？案情侦破之后，答案浮出水面，因为犯罪分子声称"制造爆炸案的目的是为了出名。"——皆因清华、北大太有名了，影响力太大了。 （2）北大的影响力皆因她的校园精神和中国魂是一致的，是伟大崇高的。 （3）引导学生思考领会本校校园人文精神，进而思考自身精神追求，树立职业理想。 a. 设问：本校的校风、校训等理念是什么？ 办学理念：经文纬技、养正育德；刚健笃实、辉光日新 校训：敬业 乐群 致知 力行 教风学风：乐生善教；乐学善用 （学生讨论回答后，老师展示） 老师提示理解。 刚健：坚强有力。 笃实：忠诚老实。 辉光日新（成语）：道德、学问、艺术等方面每天都有长进。 致：致力，把力量用于干某件事。	学生倾听、感受。 个别复述北大校园精神。 学生在上节课布置的基础上，商讨，集中，然后回答。 学生谈论校训等的内涵，然后回答。	复习巩固已学知识，顺利过渡到拓展学习。 合作探究学习，集思广益，突破难点。 深入思考，探究学习。

续表

教学环节	教师活动	学生活动	设计意图
五、拓展应用	乐：喜欢。 力：努力。用极大的力量。 b. 设问：作为普通的中职学校，你认为倡导的校园精神是什么？ （没有标准答案，总结出一定的内涵即可）老师可引导提示：如诚实守信、积极向上、品学兼优、团结友善、技能为重兼具学识、脚踏实地努力实践……	学生根据上述内容自由发挥，讨论该问题，用自己的语言说说职业学校校园精神。	联系生活，思索自身精神追求的目标，树立人生的理想，热爱校园，充实精神力量。
六、课堂小结	展示本课教学目标，衡量目标的达成度。 发放课堂学习量化考核表。	逐一判断三个学习目标是否达成。 填写量化考核表。	学有所得，学有所悟，让学生体会学习的成功与快乐。
七、巩固积累 布置作业	思考与练习题（开放性练习题）： 联系实际，畅想未来的职业人生，根据本校倡导的人文精神，谈谈课文给自己的启示，谈谈自己在青春岁月中的精神追求应该是什么。	认真思考，完成作业。	旨在引导学生懂得精神的魅力是永远的，明确自己的正确的精神追求是什么？和做一个什么样的人？
八、板书设计	结构 ─ 对北大校园的表层认识（即具体的校园） 　　　 北大的校园精神（也就是抽象的校园） 校园精神 ─ 具有向习惯思维和因袭势力的抗争精神 　　　　　 不单纯、富有个性 　　　　　 校园里有一种特殊的气氛：机智、聪慧、洒脱、活泼 　　　　　 民主与科学 ⟹ 与中国魂一致，长久永存 ⟹ 永远的校园		

4.4 案例三：口语训练与表达

口语交际——介绍教学设计

课题内容	口语介绍	课时安排	1—2 课时
教材分析	本单元的表达与交流分两个部分，一是写作练习；二是口语交际练习。皆为表达能力训练。口头介绍练习，旨在训练提高学生口头介绍的表达能力，为踏入社会做准备。		
教学目标	（1）领会口语表达能力的重要性。 （2）学习有条理的介绍人、事、物、景。 （3）掌握介绍的基本要求。		
教学重点	学习有条理的介绍人、事、物、景。		
教学难点	介绍中怎样体现介绍的基本要求。		
教学方法	（1）教法：讲解、自学法、练习法。 （2）教具：多媒体课件（包括图片、音频、视频及文字材料）。		
学习方法	（1）课前预习阅读，标注疑难之处。 （2）认真听讲、积极思考、回答问题；积极参与练习。		
教学模式	"五动"课堂学习行动模式（动心、动脑、动口、动手、动情）。		
教具准备	常规教具、电子资料、多媒体。		
教学环节	教师活动	学生活动	设计意图
一、激趣导入	（一）引入 播放口头介绍人、事、物、景的视频，感受介绍的魅力与方法。 视频中介绍者有哪些地方做得好？ （也可以请一位善于表达的同学先做一次介绍；再让同学讨论哪些地方介绍得好。） 老师指出优点和不足，鼓励为主。 要想介绍得好，得有一定的基本要求和方法，一起来看看有哪些要求和方法吧！	师生互动共同参与，体会介绍的内容。 学生思考、讨论、回答。 学生适当议论，观点不一，皆可。	播放视频，激发动脑，产生兴趣，关注课题。 逐渐引入课题。

续表

教学环节	教师活动	学生活动	设计意图
二、目标引领	展示教学目标,并简要提示。	齐读,了解。	明确教学目标,有目的地学习。
三、初步感知	(二)读实例借鉴"这就是我" (三)问:介绍了哪些内容? 外貌、性格、爱好,重点是介绍爱好。 老师点评实例:介绍生动脱俗、语言流畅、结构完整,内容丰富较全面。介绍外貌、性格后重点介绍爱好——读书感受,体现了自己的性格与志趣。 (四)介绍的相关知识(问答) (1)介绍的定义? 是指对人、事、物作口头描述、说明、评价。 (2)介绍种类? 人物介绍、事件介绍、事物介绍、环境介绍。 (3)四种介绍主要介绍什么? 老师板书或展示: 人物介绍:姓名、身份、个性特点、兴趣爱好、专业特长、个人成绩。 事件介绍:发生发展变化结局。 事物介绍:性质、形状、位置、成因、功能、制作方法等。	学生自读、体会学习。 个别回答。 不同学生分别回答。全体勾画、批注要点。 个别学生朗读相关句段。	动脑、动口,积极参与。 动口。 调动参与学习。 激发学动手、动脑,注意学习方法。 动笔、动心,勾画批注相关知识点。 动脑、动手、动口。积累相关知识。
四、领会基本要求	(五)问:介绍的要求有哪些? (1)态度大方,语调清晰得当。要点:调整心态,克服紧张情绪。 (2)内容真实,抓住特征。要点:介绍符合事实。 (3)重点突出,顺序清晰。要点:心有准备,想好顺序,有主有次。 (4)活泼自然,借助体态语言。要点:自然结合表情、手势、姿态、动作。	学生回答,指出要点。	领会基本要领。 动脑、动口。 参与学习。 把握本课学习重点,达成目标。

续表

教学环节	教师活动	学生活动	设计意图
五、课堂小结	介绍，是人际交往常用的口头表达方式。了解介绍的种类，明确各类介绍的具体内容，掌握介绍基本要求，并将知识用于实际介绍中，提高口头表达能力。	学生领会。每位学生课后教材拓展练习内容做好准备，下节课练习口头介绍。	回顾本课内容，体会口头表达要求。
六、拓展练习	口头介绍练习： (1) 根据提供的情景，介绍自己宿舍情况。 (2) 介绍一次事件。 (3) 介绍一种事物。 任选其一，做介绍练习。 老师简要提示介绍内容。 提示练习方式、顺序。（按名册） 做好记载，评价。 作为平时成绩参考加分。 组织实施，鼓励为主，人人参与。	学生人人参与上台练习。	实际参与介绍，增强自信心，学会调整心态，能将相关知识用于介绍中。
七、板书设计	相关知识 　　介绍的定义——对人事物做口头描述、说明、评价。 　　介绍的分类——人物、事物、事件、环境。 　　介绍的基本要求——态度大方，语调恰当。 　　　　　　　　　　内容真实，抓住特征。 　　　　　　　　　　顺序清楚，有重点。 　　　　　　　　　　借助体态语言，活泼自然。		

4.5 中职语文学科"五动"课堂教学评价

公共基础课——语文"五动"课堂学习行动模式教学评价表

评价	评价内容	评价要素	评价标准	分值				得分	备注
	教学设计（15分）	服务于"五动"要求和教学目标。	教学活动设计结合"五动"新颖实用（9—15分）；脱离"五动"模块，教学活动设计一般（9—6分）。	15	12	9	6		依据授课计划
	教学环境（5分）	教学资源，教学手段，教学策略；师生关系，课堂氛围。	教学资源多样，教学手段和策略适当，利于学生积极"五动"（4—5分）；形式单一，课堂枯燥（3—2分）。	5	4	3	2		依据现场观测
"五动"动心动脑动手动口动情	教学实施（五模块）（50分）	1. 激趣导入 音乐、多媒体、表演、故事、诗词、比较、温故、设疑、朗诵、演讲。	精心创设情景，抓住学生兴奋点，多感官调动情感认知，迅速进入学习状态（12—15分）；学生被动感受，不能有效激发学生学习动机（6—9分）。	15	12	9	6		依据课堂"五动"达成度
		2. 目标引领 教学目标展示、解读、朗读。	目标符合学生实际，明确、具体、可检测并切实可行（4—5分）；目标不明确，笼统（2—3分）。	5	4	3	2		
		3. 任务实施 目标有效达成，重点突出，难点突破，教学环节流畅，有互动，有自主学习，有合作探究，有问题生成，学生思维有深度。	能调动学生的学习积极性和主动性，有过程体验，问答有深度，信息反馈及时，观照全体学生（15—20分）；老师照本宣科，学生被动接受，课堂沉闷（10—14分）。	20	18	16	14		

续表

评价	评价内容	评价要素	评价标准	分值				得分	备注
"五动"动心动脑动手动口动情	教学实施（五模块）（50分）	4.多元检测	自测、互测、集中检测，背诵。	评价多元，以激励为主（4—5分）；评价方式单一（1—3分）。	5	4	3	2	
		5.总结提升	提炼、分析、反思、拓展、提升。	提升认知，融入已有知识体系（4—5分）；反之（2—3分）。	5	4	3	2	
	教学效果（25分）		学生乐于学习；各层次学生均有所获；"五动"参与有深度和广度。	思维活跃，争先恐后，有新的认知（20—25分）；学生参与度不够，缺乏表达和交流（10—15分）。	25	20	15	10	依据综合评价
	教师素养（5分）		学科功底；语言表述；仪表教态；板书设计；课堂调控。	教师基本功扎实；教态自然，板书规范；调控力强，教学技能娴熟（4—5分）；反之（2—3分）。	5	4	3	2	依据综合表现
总体评价：				总分				满分100分	

附注：评价时，参考表中罗列的"五动"要素，勾选出用到的要素，根据"五动"程度及效果打分。总体评价分"优秀""良好""合格""不合格"四个等级。

第 5 章

中职英语学科"五动"课堂学习行动模式方案

5.1 中职英语学科"五动"课堂学习行动模式方案

"五动"课堂五环节学习模式——构建以"激趣导入、任务驱动、合作探究、分享展示、小结升华"为主线的课堂框架。

（1）激趣导入：创设学习语言的情景。老师通过认真备课、分析，结合本堂课及英语学科特点，采用提问、图片展示、播放英语歌曲、播放英语视频等形式，唤起学生对学习的欲望（动心、动口、动脑）。

（2）任务驱动：通过第一个环节对学生的刺激，接下来展示本堂课的学习目标并将目标分解成具体的学习任务进行实施。一般把本堂课的重点、难点各设置成一个任务，在老师的带动下逐一完成。（根据具体授课内容，任务数是可变的，但是至少要保证学习重点和突破难点这两个任务）（五动）

（3）合作探究：在课堂学习活动中，知识传授完成并不意味着学习活动的结束，针对英语学习的特殊性，学生对重点把握如何，知识输入量和储备量达到一定标准后，还要看学生的输出如何，也就是看学生能否灵活运用所学知识进行英语实践操作。所以提倡学生以小组合作学习的方式，老师布置检测任务，小组成员带着任务就新授课内容进行拓展运用，尽量做到学以致用并能知识迁移。（五动）

（4）分享展示：本环节主要是对本堂课学习效果的检测，老师根据本堂课的主要目标，通过小组合作探究完成老师布置的检测任务，然后以小组为单位推选代表上台展示，老师根据学生的展示效果可以了解本堂课的学习效果。（五动）

（5）小结升华：本环节是对学生和老师本堂课的一个小结，既包含学生的收获也包含老师的收获，对一堂课的及时评价更有利于师生的共同发展，学生谈收获和不足，老师对学生的课堂表现和自己的表现进行客观评价，这样可以促使师生共同进步。（五动）

5.2　英语教学案例一：英语导学课

整体解读及分析

	Welcome Unit
单元内容分析	本单元的内容比较浅显，生词不多，主要是复习初中一年级学过的一些知识：用英语打招呼，与校园建筑有关的词汇，英语字母的认识与书写。介绍了生活中常见的英语及英文标识，英语数词的用法。整个单元图文并茂，由浅入深，大大地激发了刚进入职业学校的中职生进一步学习英语的积极性。
学生情况分析	本教材是针对刚进职业学校的普通专业的学生而编写的。学生来自四面八方，英语水平参差不齐，多数人基础不牢，学习英语的兴趣不浓，这就要求教师要因材施教，提高课堂效率，使不同层次的学生每堂课都有所提高。
课时划分	第 1 课时：Say hello and know your school 第 2 课时：english in your life and the alphabet 第 3 课时：numbers

Say hello and know your school

教学目标	一、知识目标 （1）掌握常见的用英语打招呼用语。 （2）掌握校园建筑物的英语词汇。 二、技能目标 （1）能够听懂及应用 Greeting 的英文句子。 （2）能听、说、识、记校园词汇。 三、情感目标 （1）激发学生进一步学习英语的积极性。 （2）树立学好英语的自信。 （3）培养同学之间的互助协作的能力。
教学重点	（1）熟练运用 Greeting 句型，如 nice to meet you 等。 （2）重点词汇，如 library dining room。
教学难点	（1）大家都开口说英语。 （2）词汇较多，完全掌握不易。

续表

教学方法	(1) 游戏教学法：在游戏中学习、在游戏中练习和巩固，激发学生的学习兴趣。 (2) 任务教学法：布置任务，层层递进，教会学生自主学习。
学习方法	练习法；小组合作法：以小组活动为基本形式，促进学生互相合作，完成教学目标，达到互相学习、共同提高的目的，培养学生的团队合作精神。
教学媒体	多媒体、课件、卡片。

教学过程

预设时间	教学环节	教师活动	学生活动	设计意图
3分钟	妙趣导入（动心、动脑、动口、动手）	(1) 准备相关的图片，并进行展示。 (2) 学生分组。	(1) 根据小组入座。 (2) 给自己的小组命名，并选好小组长。	调动学生情绪，营造英语学习氛围，创建愉悦课堂。
1分钟	目标展示（动心、动脑）	课件展示本课教学目标。	清楚自己本堂课要学的内容、要做的事。	引出教学内容，激发学生学习兴趣。
6分钟	问题探究（动心、动脑、动口、动手）	(1) 课件展示图片和单词，领读。 (2) 齐声朗读，巩固单词。	(1) 跟读单词，熟记其发音、意义、拼写。 (2) 齐声朗读，巩固单词。	新知识的输入，为完成后面的学习任务做准备。
25分钟	交流展示（动心、动脑、动口、动手、动情）	任务1. 播放录音。 任务2. 随机发放单词卡片给各小组，每组3张。 任务3. 播放录音。 任务4. 提炼句型，怎样表达打招呼。	(1) 勾出听到的单词，按顺序将建筑图片贴到正确的位置。 (2) 将单词补充完整，并贴到正确位置。 (3) 三人一组互相练习打招呼。 (4) 根据图片用英文打招呼。	以直观的、游戏的方式复习巩固单词，学生乐于参与。 小组竞争制，激发学生上进心。

续表

预设时间	教学环节	教师活动	学生活动	设计意图
25分钟	课堂小结（动脑、动口、动手）	（1）强调本课重点单词。 （2）强调本课重点句型。 （3）点评今日最佳小组，总结合作方法和优势，发奖品。	（1）齐声朗读建筑词汇。 （2）齐声复述重点句型。 （3）评出表现最佳的小组。	巩固本课重点内容，加深印象。 完成情感教育目标，教育学生学会合作。
2分钟	作业布置（动脑、动手）	（1）根据学生英语基础，分层次布置作业。 （2）教导学生热爱校园，保护公物。	（1）所有学生都必须完成的——抄写单词，每个两遍。 （2）知识拓展——通过网络等学习更多的校园内其他建筑物名词。	分层次布置作业，让不同基础的学生都能够且乐意去完成，知识得到拓展和延伸。
板书设计	\multicolumn{4}{l}{**Say hello and know your school** library teaching building student apartment workshop dining hall playground have problem with... 和某人有矛盾 Nice to meet you. What's your name?}

5.3　英语教学案例二：学习英文字母

英文字母学习教案

教学目标	一、知识目标 （1）掌握常见的英语标识。 （2）掌握英语字母的大小写。 二、技能目标 （1）能够运用生活中常见的英语。 （2）正确掌握、书写英文字母。 三、情感目标 （1）通过对常见英文标识的学习，激发学生学习英语的积极性。 （2）树立学好英语的自信。 （3）培养同学之间的互助协作的能力。
教学重点	（1）掌握生活中常见的英语等。 （2）重点词汇，如 pull、push、open、closed...
教学难点	（1）大家都开口说英语。 （2）掌握英文的缩写词。
教学方法	（1）游戏教学法：在游戏中学习、在游戏中练习和巩固，激发学生的学习兴趣。 （2）任务教学法：布置任务，层层递进，教会学生自主学习。
学习方法	练习法；小组合作法：以小组活动为基本形式，促进学生互相合作，完成教学目标，达到互相学习、共同提高的目的，培养学生的团队合作精神。
教学媒体	多媒体、课件、卡片。

教学过程

预设时间	教学环节	教师活动	学生活动	设计意图
4分钟	妙趣导入 （动心、动脑、动口、动手）	（1）准备相关的图片，并进行展示。 （2）学生分组。	（1）根据小组入座。 （2）给自己的小组命名，并选好小组长。	调动学生情绪，营造英语学习氛围，创建愉悦课堂。

续表

预设时间	教学环节	教师活动	学生活动	设计意图
1分钟	目标展示（动心、动脑）	课件展示本课教学目标。	清楚自己本堂课要学的内容、要做的事。	引出教学内容，激发学生学习兴趣。
15分钟	问题探究（动心、动脑、动口、动手）	(1) 课件展示图片和单词，领读。 (2) 齐声朗读，巩固单词。	(1) 跟读单词，熟记其发音、意义、拼写。 (2) 齐声朗读，巩固单词。	新知识的输入，为完成后面的学习任务做准备。
13分钟	交流展示（动心、动脑、动口、动手、动情）	任务1. 播放录音。 任务2. 随机发放单词卡片给各小组，每组3张。 任务3. 播放录音。 任务4. 提炼句型，怎样表达打招呼。	(1) 勾出听到的单词，按顺序将建筑图片贴到正确的位置。 (2) 将单词补充完整，并贴到正确位置。 (3) 三人一组互相练习打招呼。 (4) 根据图片用英文打招呼。	以直观的、游戏的方式复习巩固单词，学生乐于参与。小组竞争制，激发学生上进心。
5分钟	课堂小结（动脑、动口、动手）	(1) 强调本课重点单词。 (2) 强调本课重点句型。 (3) 点评今日最佳小组，总结合作方法和优势，发奖品。	(1) 齐声朗读建筑词汇。 (2) 齐声复述重点句型。 (3) 评出表现最佳的小组。	巩固本课重点内容，加深印象。完成情感教育目标，教育学生学会合作。

续表

预设时间	教学环节	教师活动	学生活动	设计意图
2分钟	作业布置（动脑、动手）	（1）根据学生英语基础，分层次布置作业。 （2）教导学生热爱校园，保护公物。	（1）所有学生都必须完成的——抄写单词，每个两遍。 （2）知识拓展——通过网络等学习更多的校园内其他建筑物名词。	分层次布置作业，让不同基础的学生都能够且乐意去完成，知识得到拓展和延伸。
板书设计	English in your life and the alphabet pull push entrance way in open closed FIFA NBA WC STOP			

5.4 英语教学案例三：学习数词

英文数词学习教案

教学目标	一、知识目标 （1）掌握英文数词的拼读。 （2）掌握英语数词的运用。 二、技能目标 能够听懂及应用英文数词。 三、情感目标 （1）激发学生进一步学习英语的积极性。 （2）树立学好英语的自信。 （3）培养同学之间的互助协作的能力。
教学重点	（1）熟练运用英文数词。 （2）英文数词的拼读和识记。
教学难点	（1）大家都开口说英语。 （2）掌握英文大数字的读写。

续表

教学方法	(1) 游戏教学法：在游戏中学习、在游戏中练习和巩固，激发学生的学习兴趣。 (2) 任务教学法：布置任务，层层递进，教会学生自主学习。
学习方法	小组合作法：以小组活动为基本形式，促进学生互相合作，完成教学目标，达到互相学习、共同提高的目的，培养学生的团队合作精神。
教学媒体	多媒体、课件、卡片。

教学过程

预设时间	教学环节	教师活动	学生活动	设计意图
6分钟	妙趣导入 （动心、动脑、动口、动手）	(1) 准备相关的图片，并进行展示。 (2) 学生分组。	(1) 根据小组入座。 (2) 给自己的小组命名，并选好小组长。	调动学生情绪，营造英语学习氛围，创建愉悦课堂。
1分钟	目标展示 （动心、动脑）	课件展示本课教学目标。	清楚自己本堂课要学的内容、要做的事。	引出教学内容，激发学生学习兴趣。
15分钟	问题探究 （动心、动脑、动口、动手）	(1) 课件展示图片和单词，领读。 (2) 齐声朗读，巩固单词。	(1) 跟读单词，熟记其发音、意义、拼写。 (2) 齐声朗读，巩固单词。	新知识的输入，为完成后面的学习任务做准备。
11分钟	交流展示 （动心、动脑、动口、动手、动情）	任务1. 播放录音。 任务2. 随机发放单词卡片给各小组，每组3张。 任务3. 播放录音。 任务4. 提炼句型，怎样表达打招呼	(1) 勾出听到的单词，按顺序将建筑图片贴到正确的位置。 (2) 将单词补充完整，并贴到正确位置。 (3) 三人一组互相练习打招呼。 (4) 根据图片用英文打招呼。	以直观的、游戏的方式复习巩固单词，学生乐于参与。小组竞争制，激发学生上进心。

续表

预设时间	教学环节	教师活动	学生活动	设计意图
5分钟	课堂小结（动脑、动口、动手）	（1）强调本课重点单词。 （2）强调本课重点句型。 （3）点评今日最佳小组，总结合作方法和优势，发奖品。	（1）齐声朗读建筑词汇。 （2）齐声复述重点句型。 （3）评出表现最佳的小组。	巩固本课重点内容，加深印象。 完成情感教育目标，教育学生学会合作。
2分钟	作业布置（动脑、动手）	（1）根据学生英语基础，分层次布置作业。 （2）掌握月份单词的缩写形式。	（1）所有学生都必须完成的——抄写单词，每个两遍。 （2）知识拓展——在生活中应用英文数词及熟悉月份单词的缩写形式。	分层次布置作业，让不同基础的学生都能够且乐意去完成，知识得到拓展和延伸。
板书设计	**Numbers** one two three... hundred thousand million billion Sunday Monday Tuesday January February March April May...			

5.5 中职英语学科"五动"课堂教学评价

公共基础课——英语"五动"课堂学习行动模式教学评价表

评价指标	评价内容	评价要素	评价标准	分值				得分	备注
	教学设计（15分）	"五动"模块；"五动"要求。	"五动"五模块，教学活动设计有特色（9—15分）；脱离"五动"模块，教学活动设计一般（9—6分）。	15	12	9	6		依据授课计划
	教学环境（5分）	课前准备，教学资源，教学设备，多媒体选用，学习氛围。	教学资源充足，教学设备恰当，利于学生积极"五动"（4—5分）；设备、资源单一，学生无趣（3—2分）。	5	4	3	2		依据现场观测
"五动"动心动脑动手动口动情	教学实施（五模块）（50分）	1. 激趣导入	视频、英语歌曲、英语谜语、英语诗歌、问答、图片、实物、复习、试听、情景、英语笑话、英语故事、介绍背景、游戏。	抓住学生兴趣点精心创设情景，学生多感官接受刺激，迅速进入学习状态（12—15分）；学生被动感受，不积极主动参与学习活动（6—9分）。	15	12	9	6		依据课堂"五动"达成度
		2. 目标引领	三维目标的展示、解读。	目标符合学生实际，明确、具体、可检测并切实可行（4—5分）；目标不明确，笼统（2—3分）。	5	4	3	2		
		3. 任务实施	围绕目标，新课讲授，重点突出，难点突破，各环节自然衔接，师生、生生互动，有自主学习，有小组合作学习。	能调动学生的学习积极性和主动性，注重知识的发生发展过程，有学法指导措施，课堂信息反馈及时（15—20分）；学生被动接受，感到紧张（10—14分）。	20	18	16	14		
		4. 多元检测	自测、互测、集中检测。	评价多元（4—5分）；评价方式单一（1—3分）。	5	4	3	2		
		5. 总结提升	归纳、提炼、分析、反思。	情感升华，提升认识，形成网络（4—5分）；反之（2—3分）。	5	4	3	2		

续表

评价指标	评价内容	评价要素	评价标准	分值				得分	备注
"五动" 动心 动脑 动手 动口 动情	教学效果 （25分）	学生乐于学习；各层次学生均有所获，"五动"参与度。	学生积极主动，积极思考，大胆开口（20—25分）；学生参与不积极，不敢开口用英语表达（10—15分）。	25	20	15	10		依据综合评价
	教师素养 （5分）	学科功底；语言表述；仪表教态；板书设计；课堂调控。	教师基本功扎实；教态自然，板书规范，调控力强，教学技能娴熟（4—5分）；反之（2—3分）。	5	4	3	2		依据综合表现
总体评价：				总分					满分 100分

附注：评价时，参考表中罗列的"五动"要素，勾选出用到的要素，根据"五动"程度及效果打分。总体评价分"优秀""良好""合格""不合格"四个等级。

第6章

中职数学学科"五动"课堂学习行动模式方案

6.1　中职数学学科"五动"课堂学习行动模式方案

"五动"课堂五环节学习模式——构建以"激趣导入、任务驱动、合作探究、分享展示、小结升华"为主线的课堂框架。

（1）激趣导入：创设学习语言的情景。老师通过认真备课、分析，结合本堂课及数学学科特点，采用复习、提问、图片展示等形式，使学生快速与数学知识建立联系（动心、动口、动脑）。

（2）任务驱动：通过第一个环节对学生的刺激，接下来展示本堂课的学习目标并将目标分解成具体的学习任务进行实施。一般把本堂课的重点、难点各设置成一个任务，在老师的带动下逐一完成。（根据具体授课内容，任务数是可变的，但是至少要保证学习重点和突破难点这两个任务）（五动）

（3）合作探究：在课堂学习活动中，知识传授完成并不意味着学习活动的结束，针对数学学习的特殊性，学生对重点把握如何，知识输入量和储备量达到一定标准后，还要看学生的输出如何，也就是看学生能否灵活运用所学知识进行实践操作。所以提倡学生以小组合作学习的方式，老师布置检测任务，小组成员带着任务就新授课内容进行拓展运用，尽量做到学以致用并能知识迁移。（五动）

（4）分享展示：本环节主要是对本堂课学习效果的检测，老师根据本堂课的主要目标，通过小组合作探究完成老师布置的检测任务，然后以小组为单位推选代表上台展示，老师根据学生的展示效果可以了解本堂课的学习效果。（五动）

（5）小结升华：本环节是对学生和老师本堂课的一个小结，既包含学生的收获也包含老师的收获，对一堂课的及时评价更有利于师生的共同发展，学生谈收获和不足，老师对学生的课堂表现和自己的表现进行客观评价，这样可以促使师生共同进步。（五动）

6.2 数学教学案例一：集合

集合教学教案

教学目标	（1）初步理解集合的概念；理解集合中元素的性质。 （2）初步理解"属于"关系的意义；知道常用数集的概念及其记法。 （3）引导学生发现问题和提出问题，培养独立思考和创造性地解决问题的意识。
教学重点	集合的基本概念，元素与集合的关系。
教学难点	正确理解集合的概念。
教学方法	本节课采用问题教学和讲练结合的教学方法，运用现代化教学手段，通过创设情景，引导学生自己独立地去发现、分析、归纳，形成概念。

教学过程

环节	教学内容	师生互动	设计意图
导入	师生共同欣赏图片"中国所有的大熊猫""我们班的所有同学"。	教师："物以类聚""人以群分"，这些都给我们以集合的印象。引入课题。	联系实际，激发兴趣。
新课	课件展示引例： （1）某学校数控班学生的全体； （2）正数的全体； （3）平行四边形的全体； （4）数轴上所有点的坐标的全体。 1. 集合的概念 （1）一般地，把一些能够确定的对象看成一个整体，我们就说，这个整体是由这些对象的全体构成的集合（简称为集）。 （2）构成集合的每个对象叫作集合的元素。	教师：每个例子中的"全体"是由哪些对象构成的？这些对象是否确定？你能举出类似的几个例子吗？ 学生回答。 教师引导学生阅读教材，提出问题如下： （1）集合、元素的概念是如何定义的？ （2）集合与元素之间的关系是用什么符号表示的？	从具体事例直观感知集合，为给出集合的定义做好准备。 教师提出问题，放手让学生自学，培养自学能力，提高学生的学习能力。

续表

环节	教学内容	师生互动	设计意图
新课	（3）集合与元素的表示方法：一个集合，通常用大写英文字母 A，B，C，…表示，它的元素通常用小写英文字母 a，b，c，…表示。 （4）元素与集合的关系。 ①如果 a 是集合 A 的元素，就说 a 属于 A，记作 $a\in A$，读作"a 属于 A"。 ②如果 a 不是集合 A 的元素，就说 a 不属于 A，记作 $a\notin A$. 读作"a 不属于 A"。 2. 集合中元素的特性 （1）确定性：作为集合的元素，必须是能够确定的。这就是说，不能确定的对象，就不能构成集合。 （2）互异性：对于一个给定的集合，集合中的元素是互异的。这就是说，集合中的任何两个元素都是不同的对象。 3. 集合的分类 （1）有限集：含有有限个元素的集合叫作有限集。 （2）无限集：含有无限个元素的集合叫作无限集。 （第二课时） 1. 复习：举出一些集合的例子 2. 常用数集及其记法 （1）自然数集：非负整数全体构成的集合，记作 N。 （2）正整数集：非负整数集内排除 0 的集合，记作 N_+ 或 N^*。	（3）集合中元素的特性是什么？ （4）集合的分类有哪些？ （5）常用数集如何表示？ 教师检查学生自学情况，梳理本节课知识，并强调要注意的问题。 教师要把集合与元素的定义分析透彻。 请同学举出一些集合的例子，并说出所举例子中的元素。 教师强调："$\in$"的开口方向，不能把 $a\in A$ 颠倒过来写。	检查自学、梳理知识阶段，穿插讲解难点、强调重点、举例说明疑点等环节，使学生真正掌握所学知识。

续表

环节	教学内容	师生互动	设计意图
新课	(3) 整数集：整数全体构成的集合，记作 Z。 (4) 有理数集：有理数全体构成的集合，记作 Q。 (5) 实数集：实数全体构成的集合，记作 R。 例题1：判断下列语句能否构成一个集合，并说明理由。 (1) 小于 10 的自然数的全体。 (2) 某校高一（2）班所有性格开朗的男生。 (3) 英文的 26 个大写字母。 (4) 非常接近 1 的实数。 练习1：判断下列语句是否正确： (1) 由 2，2，3，3 构成一个集合，此集合共有 4 个元素。 (2) 所有三角形构成的集合是无限集。 (3) 周长为 20 cm 的三角形构成的集合是有限集。 (4) 如果 $a \in Q, b \in Q$，则 $a+b \in Q$。 例题2：用符号"$\in$"或"$\notin$"填空： (1) 1 ____ N，0 ____ N， 　　 -4 ____ N，0.3 ____ N； (2) 1 ____ Z，0 ____ Z， 　　 -4 ____ Z，0.3 ____ Z； (3) 1 ____ Q，0 ____ Q， 　　 -4 ____ Q，0.3 ____ Q； (4) 1 ____ R，0 ____ R， 　　 -4 ____ R，0.3 ____ R。 练习2：用符号"$\in$"或"$\notin$"填空。 (1) -3 ____ N； (2) 3.14 ____ Q； (3) 1 ____ Z； (4) 3 ____ R；	教师强调集合元素的确定性。教师：高一（1）班高个子同学的全体能否构成集合？学生：不能构成集合。这是由于没有规定多高才算是高个子，因而"高个子同学"不能确定。 教师强调：相同的对象归入同一个集合时只能算作集合的一个元素。 请学生试举有限集和无限集的例子。 教师：说出自然数集与非负整数集的关系。 学生：自然数集与非负整数集是相同的。 教师：也就是说，自然数集包括数 0。 教师：出示例题，引导学生讨论、思考。 学生：讨论，回答，明确说出理由。 学生：模仿练习；讨论并口答。 教师：点拨、解答学生疑难。 教师：出示例题，请学生填写。 学生：口答各题结果。 教师：引导学生进行订正，并说明错误原因。 学生模仿练习；老师订正、点拨。	通过具体例子，师生的问答，巩固集合概念及其元素特性。 通过练习进一步强化学生对集合中元素特性的理解。 通过例题 2 和练习 2，加深对特殊数集的理解以及元素与集合关系的理解与表示，既突出重点又分解难点。

续表

环节	教学内容	师生互动	设计意图
小结	本节课学习了以下内容： （1）集合的有关概念：集合、元素。 （2）元素与集合的关系：属于、不属于。 （3）集合中元素的特性。 （4）集合的分类：有限集、无限集。 （5）常用数集的定义及记法。	学生畅谈本节课的收获，老师引导梳理，总结本节课的知识点。	梳理总结也可针对学生薄弱或易错处强调总结。
作业	教材 P4，练习 A 组第 1—3 题。	学生课后完成。	巩固拓展。

6.3　数学教学案例二：不等式的性质

不等式的性质教案

环节	教学内容	师生互动	设计意图
导入	（第一课时） 【课件展示情境 1】 	创设天平情境问题：观察课件，说出物体 a 和 c 哪个质量更大一些？ 由此判断： 如果 $a>b$，$b>c$，那么 a 和 c 的大小关系如何？	从学生身边的生活经验出发，进行新知识的学习，有助于调动学生学习的积极性。
新课	性质 1（传递性）： 如果 $a>b$，$b>c$，则 $a>c$。	学生思考、回答得出性质 1。	

续表

环节	教学内容	师生互动	设计意图
新课	分析： 要证明 $a>c$，只要证明 $a-c>0$。 证明： 因为：$a-c=(a-b)+(b-c)$ 又由，$a>b$，$b>c$，即 $a-b>0$，$b-c>0$， 所以，$(a-b)+(b-c)>0$ 因，$a-c>0$ 即：$a>c$ 【课件展示情境2】 性质2（加法法则）： 如果 $a>b$，则 $a+c>b+c$。 证明： 因为：$(a+c)-(b+c)=a-b$，又由 $a>b$， 即：$a-b>0$ 所以：$a+c>b+c$ 思考： 如果 $a>b$，那么 $a-c>b-c$ 是否正确？不等式的两边都加上（或减去）同一个数，不等号的方向不变。 推论1： 如果 $a+b>c$，则 $a>c-b$。 证明： 因为 $a+b>c$，所以 $a+b+(-b)>c+(-b)$， 即：$a>c-b$ 不等式中任何一项，变号后可以从一边移到另一边。 练习1： (1) 在 $-6<2$ 的两边都加上9，得_____； 如果 $x>3$，$x+2$ _____ 5。	引导学生判断： 不等式的两边都加上（或减去）同一个数，不等号的方向是否改变？ 学生口答，教师点评。	创设一种情境，给学生提供了想象的空间，为后续学习做好了铺垫。 让学生在"做"数学中学数学，真正成为学习的主人。把课堂变为学生再发现、再创造的乐园。 对不等式的性质及时练习，进行巩固。

续表

环节	教学内容	师生互动	设计意图
新课	（2）如果 $x+7>9$，那么两边都_____，得 $x>2$。 小组合作探究： 学生 4 人一组，把不等式 $5>2$ 的两边同时乘以任意一个不为 0 的数，观察不等号的方向是否变化。 多试几次，你发现什么规律了吗？ 小结：传递性和可加性。 作业：教材 P36，练习 A 组 1 题。	学生猜想结果后，小组内合作探究、交流，教师巡回指导。	把猜想作为教学的出发点，启发学生积极思维，探索规律。

6.4 数学教学案例三：有理指数

有理指数教案

教学目标	（1）理解整数指数幂及其运算律，并会进行有关运算。 （2）培养学生的观察、分析、归纳等逻辑思维能力。 （3）培养学生勇于发现、勇于探索、勇于创新的精神；培养学生合作交流等良好品质。
教学重点	零指数幂、负整指数幂的定义。
教学难点	零指数幂及负整指数幂的定义过程，整数指数幂的运算。
教学方法	这节课主要采用问题解决法和分组教学法。在引入指数幂时，以在国际象棋棋盘上放米粒为导入素材，既体现数学的应用价值，也能引起学生的学习兴趣。从正整指数的运算法则中的法则出发，通过取消 $m>n$ 的限制引入了零指数幂和负整指数幂的定义，从而把正整指数幂推广到整数指数幂。在本节教学中，要以取消 $m>n$ 这一条件为出发点，让学生积极大胆地猜想，以此增强学生的参与意识，从而提高学生的学习兴趣。

教学过程

环节	教学内容	师生互动	设计意图
导入	在一个国际象棋棋盘上放一些米粒，第一格放 1 粒，第 2 格放 2 粒，第 3 格放 4 粒……一直到 64 格，那么第 64 格应放多少粒米？第 1 格放的米粒数是 1；第 2 格放的米粒数是 2；	学生在教师的引导下观察图片，明确教师提出的问题，通过观察课件，归纳、探究答案。 教师：通过上面的解题过程，你能发现什么规律？那么第 64 格放多少米粒，怎么表示？	通过问题的引入激发学生学习的兴趣。

续表

环节	教学内容	师生互动	设计意图
导入	第3格放的米粒数是 2×2（2个2）；第4格放的米粒数是 2×2×2（3个2）；第5格放的米粒数是 2×2×2×2（4个2）；…… 第64格放的米粒数是 2×2×2×⋯×2（63个2）。	学生回答，教师针对学生的回答给予点评，并归纳出第64格应放的米粒数为 2^{63}。 教师：请用计算器求 2^{63} 的值。 学生解答。	在问题的分析过程中，培养学生归纳推理的能力。 为引出 a^n 设下伏笔，用计算器使问题得到解决。
新课	一、正整指数幂 一般地，a^n（$n\in N_+$）叫作 a 的 n 次幂，a 叫作幂的底数，n 叫作幂的指数。并且规定： $$a^1 = a$$ 幂 ← a^n → 指数（$n\in N_+$） ↓ 底数 当 n 是正整数时，a^n 叫作正整指数幂。 练习1：填空 （1）$2^3 \times 2^4 =$ _____。 （2）$a^m \times a^n =$ _____。 （3）$(2^3)^4 =$ _____。 （4）$(a^m)^n =$ _____。 （5）$2^4 =$ _____。 （6）$(xy)^3 =$ _____。 二、零指数幂 规定：$a^0 = 1$（$a\neq 0$） 练习3：填空 （1）$8^0 =$ _____。	教师板书课题。 学生理解概念。 教师强调 n 是正整数。学生回顾正整指数幂的运算法则，并尝试解决练习1。 教师板书：零指数幂 $a^0 = 1$（$a\neq 0$） 教师：请同学们结合零指数幂的定义完成练习3。 学生解答。	学生在初中已学过此概念，用投影的形式展现，学生容易联想起以前的内容。 明确各部分的名称，通过强调 n 是正整数，为零指数和负整指数的引入做铺垫。 通过练习，让学生回顾正整指数幂的运算律。 由特殊到一般，由具体的例子入手，引出零指数幂的定义。 突破思维困境，引入零指数幂。

续表

环节	教学内容	师生互动	设计意图
新课	(2) $(-0.8)^0 =$ _____。 练习4：式子 $(a-b)^0 = 1$ 是否恒成立？为什么？ 练习5：计算 (1) $2^2/2^4$。 (2) $2^3/2^5$。 三、负整指数幂 规定：$a^{-1} = \dfrac{1}{a}$ $a^{-n} = \dfrac{1}{a^n}$ $(a \neq 0, n \notin \mathbf{N}_+)$ 练习6：填空 (1) $8^{-2} =$ _____。 (2) $(0.2)^{-3} =$ _____。 练习7： 式子 $(a-b)^4 = \dfrac{1}{(a-b)^4}$ 是否恒成立？	教师强调练习4中，等式成立的条件，即 $a \neq b$。 练习5：学生可通过约分解答。 教师：实数 m 与 n 的大小关系除了 $m > n$，$m = n$，还有 $m < n$。 当 $m < n$ 时，运算法则：$\dfrac{a^m}{a^n} = a^{m-n}$ 一定成立吗？ 学生尝试解决教师提出的问题。 教师板书：负整指数幂并强调 a 的取值。 练习6：由学生解答。 练习7：要求小组合作探究解决。教师针对学生的解答进行点评，并强调练习7中的等式成立的条件，即 $a \neq b$。	练习4的目的是要让学生记住 $a^0 = 1$ $(a \neq 0)$ 中的 $a \neq 0$ 这一条件。 类比零指数的引入，负整指数的引入就顺理成章了。
小结	1. 指数幂的推广 正整指数幂 $\begin{cases} \text{零指数幂} \\ \text{负整指数幂} \end{cases}$ 整数指数幂 2. 正整指数幂的运算法则对整数指数幂仍然成立 (1) $a^m \cdot a^n = a^{m+n}$。 (2) $(a^m)^n = a^{mn}$。 (3) $(ab)^m = a^m b^m$。	回顾本节主要内容，加深理解零指数和负整指数幂的概念、牢记运算律。	简洁明了地概括本节课的重要知识，使学生易于理解记忆。

6.5 中职数学学科"五动"课堂教学评价

公共基础课——数学"五动"课堂学习行动模式教学评价表

评价指标	评价内容及权重		评价标准	评价方式	等级及分值分布				得分	备注
					优秀	良好	合格	待努力		
"五动"动心动脑动手动口动情	教学设计（15分）		教学设计各环节内容完整合理，"五动"体现充分，文档排版美观。	查看教学设计	13—15分	12—13分	9—12分	0—9分		
	教学环境（5分）		教学资源充足，教学设备恰当，教学环境有利于学生积极"五动"。	现场观测	5分	4分	3分	0—2分		
	教学实施	1. 激趣导入（15分）	情境创设有效，有利于激发学生兴趣，有利于学生"动心、动脑"，问题过渡自然。	课堂观察	13—15分	12—13分	9—12分	0—9分		
		2. 目标引领（5分）	目标指向明确，有利于学生"动心、动脑、动手"。	课堂观察	5分	4分	3分	0—2分		
		3. 任务实施（20分）	任务实施过程中，任务准确且有层次，实施张弛有度，课堂民主和谐，多媒体、教具等教学手段使用恰当，教法灵活，学法指导有效，学生"动脑、动手、动口"充分，思维激活度高。	课堂观察	18—20分	16—18分	12—16分	0—12分		

续表

评价指标	评价内容及权重	评价标准	评价方式	等级及分值分布				得分	备注
				优秀	良好	合格	待努力		
"五动"动心动脑动手动口动情	教学实施	4. 多元检测（5分）	自测、互测或集中检测等检测办法简单易行，形式多样，检测有效。	课堂观察	5分	4分	3分	0—2分	
		5. 总结提升（5分）	教师和学生归纳、提炼、分析、反思有效，师生均有情感的体验。	课堂观察	5分	4分	3分	0—2分	
	教学效果（25分）		问题得到有效解决；目标达成度高；"五动"体现充分。	现场观测	22—25分	20—22分	15—20分	0—15分	
	教师素养（5分）		学科功底扎实；语言表述准确；教态自然，板书规范，调控力强。	课堂观察	5	4	3	0—2分	
总体评价：					总分：				

附注：①评价时，参考表中的评价内容、评价标准、评价方式、等级及分值分布，根据达到评价标准的程度及效果打分；②总体评价分为"优秀：分值在90—100分"，"良好：分值在80—90分"，"合格：分值在60—80分"，"待努力：分值在0—60分"四个等级。

第7章 中职德育学科"五动"课堂学习行动模式方案

7.1 中职德育学科"五动"课堂学习行动模式方案

"五动"课堂五环节学习模式——构建以"激趣导入、任务驱动、合作探究、分享展示、小结升华"为主线的课堂框架。

（1）激趣导入：创设学习语言的情景。老师通过认真备课、分析，结合本堂课及德育学科特点，采用播放主题视频及提问等形式，唤起学生对学习的欲望（动心、动口、动脑）。

（2）任务驱动：通过第一个环节对学生的刺激，接下来展示本堂课的学习目标并将目标分解成具体的学习任务进行实施。一般把本堂课的重点、难点各设置成一个任务，在老师的带动下逐一完成。（根据具体授课内容，任务数是可变的，但是至少要保证学习重点和突破难点这两个任务）（五动）

（3）合作探究：在课堂学习活动中，知识传授完成并不意味着学习活动的结束，针对德育学科学习的特殊性，学生对重点把握如何，知识输入量和储备量达到一定标准后，还要看学生的输出如何，也就是看学生能否灵活运用所学知识进行实践操作。所以提倡学生以小组合作学习的方式，老师布置检测任务，小组成员带着任务就新授课内容进行拓展运用，尽量做到学以致用并能知识迁移。（五动）

（4）分享展示：本环节主要是对本堂课学习效果的检测，老师根据本堂课的主要目标，通过小组合作探究完成老师布置的检测任务，然后以小组为单位推选代表上台展示，老师根据学生的展示效果可以了解本堂课的学习效果。（五动）

（5）小结升华：本环节是对学生和老师本堂课的一个小结，既包含学生的收获也包含老师的收获，对一堂课的及时评价更有利于师生的共同发展，学生谈收获和不足，老师对学生的课堂表现和自己的表现进行客观评价，这样可以促使师生共同进步。（五动）

7.2 德育教学案例：市场经济

市场经济教学案例

主题	企业——最重要的市场主体
学情分析	(1) 通过前面的学习，学生已经了解了一些市场经济知识，但对企业这一重要的市场主体却缺乏认识和了解。 (2) 虽然在生活中学生在同企业打交道的机会并不少，但对企业的含义、性质、种类、作用等却知之甚少，而企业这一重要的市场主体是学生无法回避的，学生也有了解企业相关知识的内在需求。
教学目标	【知识与能力】 (1) 了解市场主体、企业、企业法人的基本含义和企业建立的条件。 (2) 理解企业作为最重要的市场主体对市场经济发展和国家经济增长的作用。 (3) 通过学习，提高学生的比较能力、分析与综合能力和解决实际问题的能力。 (4) 通过学习，基本掌握创办企业必备的条件，培养学生的法制意识，提高学生依法办事的能力。 【过程与方法】 (1) 通过视频导入课题，以激发学生的学习兴趣，了解学生对企业的认识、了解程度，便于后面有针对性地进行教学。 (2) 在分析"企业的含义""企业的作用"时，采用由具体到抽象的思维方法。 (3) 通过教师手中的杯子是由哪些企业共同完成生产、流通的，让学生明白我们消费的产品，不仅是由企业生产、流通的，而且是由多家企业共同完成的，从而凸显教学重点。 (4) 通过创办早教中心的小组活动，帮助学生掌握设立企业的必备条件，从而突破难点。 (5) 通过学生小结和学以致用，了解学生学习的收获。 【情感态度和价值观】 (1) 通过教学，帮助学生正确认识企业在社会主义市场中的重要作用，明白进行经济体制改革的必要性，增强参与改革的自觉性。 (2) 通过了解企业的概念和企业建立的条件，帮助学生树立法律意识和法律观念。

续表

主题	企业——最重要的市场主体		
教学重点	（1）企业的含义和作用。 （2）企业是最重要的市场主体。		
教学难点	（1）企业的基本含义。 （2）企业的设立。		
重难点 突破方法	小组合作学习，相互补充完善。		
教学方法	贯彻"五动"课堂理念，始终以学生为主体，立足于学生已有的知识和生活实际进行教学。 （1）合作讨论法：学生以小组为单位，共同探讨解决问题。 （2）任务驱动法：通过布置任务，引导学生思考与领悟。 （3）问题教学法：通过问题设置，教师引领，帮助学生解决问题。 （4）分析教学法：通过引导学生分析个案，学习相关知识，得出正确结论。 充分利用学生已有的知识和社会经验，充分发挥学生的主体作用，让学生积极参与到教学活动中，激发学习兴趣。		
教学准备	PPT课件、任务单、记号笔。		
教学课时	1课时	课型	新授课
教学环节与 时间分配	教学过程		
	教师活动	学生活动	设计意图及 "五动"要素
一、激趣导入 （3分钟）	（1）播放视频——"企业"。 （2）提出问题：视频中的哪些内容与我们今天的学习内容有关？它们都是企业吗？为什么？ （3）组织学生思考、回答。	（1）学生观看视频。 （2）学生根据视频内容回答问题。	吸引学生注意力，引导学生"动脑、动口、动心、动情"，让学生找出与学习内容相关的内容。
二、任务展示 （1分钟）	我们今天的任务： （1）什么是市场主体？ （2）什么是企业？ （3）企业的作用是什么？（重点） （4）企业成立的条件。（难点）	（1）了解本节课的任务。 （2）想想哪些是已经弄清楚了的？ （3）思考自己最想掌握哪些内容？	引导学生明确目标。学生"动脑、动心"。

续表

教学环节与时间分配	教学过程		设计意图及"五动"要素
	教师活动	学生活动	
新课教学 — 三、问题探讨"市场主体"（2分钟）	我们到市场上去买东西，我们是市场上的什么？（引出市场主体含义） 教师设问：什么是市场主体呢？ 那么除了我们可以成为市场主体外，市场主体还有哪些？ 市场主体的内涵与外延： (1) 内涵（含义）：市场上从事交易活动的组织和个人，即市场经济活动的参加者。 (2) 外延（范围）：①既包括个人，也包括企业、团体；既包括营利性机构，也包括非营利性机构；②在通常情况下，包括企业、居民、政府和其他非营利性机构。 (3) 最重要的市场主体是谁呢？引导学生思考。	(1) 认真阅读看书回答。 (2) 弄清市场主体的范围。 (3) 分享自己对市场主体的理解。	引导学生"动脑、动口、动心、动情"，为下面内容的学习做好铺垫。
新课教学 — 四、过渡（3分钟）	(1) PPT展示学校照片。 (2) 提问学生：我们学校是市场主体吗？巴南职教中心是什么样的市场主体呢？是企业吗？ (3) 引导学生分析、讨论并说明理由。 我们的学校不是企业。 企业是以盈利为目的，从事生产经营活动，向社会提供商品和服务的经济组织。 学校只是从事社会公益活动的事业单位。 学校不是以盈利为目的；不是从事商品生产经营活动的经济组织。	(1) 认真观看并分析。 (2) 思考、讨论、分析并回答老师提出的问题。	(1) 过渡，深入课本知识的学习。 (2) 引导学生"动脑、动口、动心、动情"。

续表

教学环节与时间分配		教学过程		设计意图及"五动"要素
		教师活动	学生活动	
新课教学	五、企业的含义（6分钟）	企业是以盈利为目的，从事生产经营活动，向社会提供商品或服务的经济组织。 理解： ①必须有生产资源，是人与物相结合的组织。 ②必须是以盈利为目的的组织。这是企业区别于其他社会团体的根本标志，也是企业赖以生存和发展的必要条件。 ③必须是从事经济活动的组织。所谓经济活动主要包括生产经营活动以及满足生产和人民生活需要的服务性活动，除此之外都不能称之为企业，学校、国家机关、军队、科研机构等就不能算企业。 ④企业必须是独立的经济组织。独立拥有必要的财产，能进行独立核算，具有独立的经济利益。根据这个条件，总厂下属的车间、总公司下属的各部门就被排除在企业的范围之外；更非政治组织或社会团体。 ⑤在竞争中求生存与发展。 思考：人与人相结合的政治组织能称为企业吗？ 可以看出我们生产、生活所需的各种物品和服务，都要靠企业来生产，靠企业来流通，那么企业究竟发挥了哪些重要作用呢？为什么说企业是最重要的市场主体呢？	（1）认真阅读教材P52内容，弄清什么是企业。 （2）谈谈自己对企业的认识和理解。 （3）思考并回答：人与人相结合的政治组织能称为企业吗？ （4）判断哪些是企业： ①重庆百货股份有限公司； ②中国电信/移动/联通/网通； ③中国工商银行； ④中国共青团； ⑤联合国； ⑥联想/海尔/长虹/康佳/海信集团； ⑦中国青年志愿者协会； ⑧中国红十字会。 （5）请同学结合自己的生活经验，列举你所知道的知名企业、这些企业的主打产品、分析这些企业对社会的贡献。	（1）引导学生学习课本新知识。 （2）引导学生"动脑、动口、动心、动手"。

续表

教学环节与时间分配		教学过程		设计意图及"五动"要素
		教师活动	学生活动	
新课教学	六、企业的作用（12分钟）	（1）作为市场经济的细胞，决定着市场经济的生机和活力。 企业，既是消费品的生产者，又是消费品的消费者。 例如，人民教育出版社印刷厂。 企业 购买 ⇅ ⇅ 提供 原料设备技术人才 — 市场 — 产品服务 企业的经营状况，直接影响到产品的丰富程度和市场的活跃程度。 （2）企业是社会生产和流通的直接承担者。 社会经济活动的主要过程是生产和流通，从原材料到商品的生产，再到商品的销售都是由企业来完成的。 企业的正常运转和稳定发展，对国家经济实力的增长、人民物质生活水平的提高息息相关。 （3）企业是推动社会经济技术进步的主体。 企业生产经营活动 →创造/实现→ 社会财富 　　　　　　　　 →采用/制造→ 先进技术生产工具 从企业的作用可见，企业是最重要的市场主体。	（1）认真阅读教材P52内容，找出企业在社会经济生活中的重要作用；学生就手中的教材说明企业既是消费品的生产者，又是消费品的消费者。 （2）小组活动：不锈钢杯子的生产、流通是由哪些企业来完成的？罗列在小组的任务单上。 （3）学生谈手机的变化是由谁来完成的？哪些企业推动了技术进步？	（1）引导学生学习课本新知识。 （2）让学生"动脑、动口、动手、动心、动情"，调动学生的学习参与性。 （3）组织学生小组学习。 （4）引导学生通过自己的分析得出结论：企业是最重要的市场主体。

续表

教学环节与时间分配		教学过程		
		教师活动	学生活动	设计意图及"五动"要素
新课教学	七、设立企业的必备条件（10分钟）	（1）从"思考设立企业的必备条件是什么？"引入学习。 （2）指导学生阅读教材中"创办企业的条件"内容。 ①有自己的名称、组织机构和章程；②有固定的经营场所和必要的设施；③有符合国家规定并与其经营和服务规模相适应的资金数额或从业人员；④能够独立承担民事责任；⑤符合国家法律、法规和政策规定的经营范围。 （3）指导学生小组活动：探讨成立一家早教中心。 （4）企业设立的程序：程序分三步；第一步是申请；第二步是审批；第三步是登记。	（1）思考并回答：是不是有钱就能办企业？ （2）阅读教材 P51"创办企业的条件"内容。 （3）学生活动：以小组为单位，根据企业设立的条件要求，各组探讨成立一家早教中心，设计草案写在任务单上。	（1）引导学生了解设立企业的必备条件。 （2）通过学生小组活动："探讨成立一家早教中心"，帮助学生弄清设立企业的必备条件。 （3）通过学生"动脑、动口、动手、动心、动情"，调动学生参与学习的积极性。 （4）帮助学生明白：不是有钱就能办企业。培养学生的法制思维与法制观念。
	八、小结（2分钟）	（1）请同学们回忆一下这节课我们都学习了哪些内容？ （2）总结。 ①两个重要概念：市场主体、企业。 ②一个基本观点：企业是最重要的市场主体，在社会经济活动中具有巨大作用。 ③一个实际问题：怎样办企业。	总结本节课所学内容。（集体总结）。	（1）回顾本节课所学内容。 （2）学生"动脑、动口、动心"，完成学习任务。

续表

教学环节与时间分配	教学过程		
	教师活动	学生活动	设计意图及"五动"要素
九、练习 （4分钟）	（1）企业是经营实体，意味着（　　）。 A. 企业是唯一的市场主体 B. 为减轻负担，企业不宜从事生产经营以外的事情 C. 企业是非营利性机构 D. 独立地从事生产经营，是企业的主要活动 （2）下列选项中，不属于企业的是（　　）。 A. 中国人民保险公司 B. 个体经营者 C. 中国消费者协会 D. 股份有限公司 （3）有人说："当前，国家间的竞争实际上就是各国企业之间的竞争。"这种说法有没有合理性？为什么？	（1）巩固本节课所学内容。 （2）检验自己学习目标的达成度。 （3）完成课后作业。	（1）督促学生巩固本节课所学内容，以加深学生印象。 （2）通过学生"动脑、动口、动心、动手"，完成学习任务，实现教学目的。
板书设计	企业——最重要的市场主体 1. 市场主体的内涵与外延 2. 企业的含义 3. 企业的作用 （1）作为市场经济的细胞，决定着市场经济的生机和活力。 （2）企业是社会生产和流通的直接承担者。 （3）企业是推动社会经济技术进步的主体。 4. 设立企业的必备条件		
教学反思	本节课按照"五动"课堂的要求进行教学，学生参与度高，课堂气氛活跃，教学效果较好。××级××班的学生性格开朗，融入课堂快，学习氛围浓，师生配合好。整个教学过程注重学生的参与，突显学生主体地位，让学生在"动手、动口、动脑、动心、动情"中主动学习，完成学习任务，提高了学生分析和解决问题的能力。在课堂活动中，小组合作学习，培养了学生的集体意识。充分利用学生熟悉的信息来完成教学任务，调动了学生的学习积极性与激情，将枯燥的德育课教学生动化、趣味化，很好地解决了"是什么""为什么""怎么办"的问题，提高了教学实效性。在完成教学任务的同时，加强了学生的法制教育，培养了学生的法制思维与法制观念。 本节课的不足之处在于学生活动环节把控不够好，活动掌控有待加强。		

7.3 中职德育学科"五动"课堂教学评价

公共基础课——德育"五动"课堂学习行动模式教学评价表

评价指标	评价内容	评价要素	评价标准	分值				得分	备注
"五动"动心动脑动手动口动情	教学设计（15分）	"五动"模块；"五动"要求。	"五动"五模块，师生活动明确，利于目标达成（9—15分）；脱离"五动"模块，师生互动单一（9—6分）。	15	12	9	6		依据授课计划
	教学环境（5分）	课前准备，教学资源，教学设备，多媒体选用，学习氛围。	教学资源充足，教学设备恰当，利于学生积极"五动"（4—5分）；设备、资源单一，学生无趣（3—2分）。	5	4	3	2		依据现场观测
	教学实施（五模块）（50分）	1.激趣导入	创设情境，体验感受，自然过渡。	学生投入主动活动，快速进入情景（12—15分）；学生被动感受，教师课本直导（6—9分）。	15	12	9	6		依据课堂"五动"达成度
		2.目标引领	三维目标有机统一，凸显情感价值观。	清楚明了，切实可行（4—5分）；目标不明确（2—3分）。	5	4	3	2	
		3.任务实施	注重学习方法的培养，关注学生的情感体验，注重引思、明理、导行。创设的教学情景能激发学生的探究欲望。创造性的开发和运用教学资源。有效调控教学过程、拓展有度。	教学任务明确，学生积极主动，生生互动，师生互动效果好（15—20分）；学生被动地听讲，学生被动接受，感到紧张（10—14分）。	20	18	15	10	

续表

评价指标	评价内容		评价要素	评价标准	分值				得分	备注
"五动"动心动脑动手动口动情	教学实施（五模块）(50分)	4.多元检测	自测、互测、集中检测。	简单易行，方式多样（4—5分）；方式单一（1—3分）。	5	4	3	2		依据课堂"五动"达成度
		5.总结提升	归纳、提炼、分析、反思。	情感升华，提升认识，形成网络（4—5分）；反之（2—3分）。	5	4	3	2		
	教学效果(25分)		目标达成情况；"五动"参与度。	"五动"目标参与度高（20—25分）；反之（10—15分）。	25	20	15	10		依据学生自评
	教师素养(5分)		学科功底；语言表述；仪表教态；板书设计；课堂调控。	功底扎实；教态自然，板书规范；调控力强（4—5分）；反之（2—3分）。	5	4	3	2		依据综合表现
总体评价：					总分				满分100分	

附注：评价时，参考表中罗列的"五动"要素，勾选出用到的要素，根据"五动"程度及效果打分。总体评价分"优秀""良好""合格""不合格"四个等级。

第8章

中职专业课"五动"课堂学习行动模式方案

8.1　中职专业课"五动"课堂学习行动模式方案

"五动"课堂五环节学习模式——构建以"激趣导入、任务驱动、合作探究、分享展示、小结升华"为主线的课堂框架。

（1）激趣导入：创设学习技能型专业课的情景。老师通过认真备课、分析，结合本堂课及本专业特点，采用播放示例视频、背景介绍等形式，唤起学生对学习的欲望（动心、动口、动脑）。

（2）任务驱动：通过第一个环节对学生的刺激，接下来展示本堂课的学习目标并将目标分解成具体的学习任务进行实施。一般把本堂课的重点、难点各设置成一个任务，在老师的带动下逐一完成。（根据具体授课内容，任务数是可变的，但是至少要保证学习重点和突破难点这两个任务）（五动）

（3）合作探究：课堂学习活动中，知识传授完成并不意味着学习活动的结束，考虑专业课技能学习的特殊性，学生对重点把握如何，知识输入量和储备量达到一定标准后，还要看学生的输出如何，也就是看学生能否灵活运用所学知识进行相应实践操作。所以提倡学生以小组合作学习的方式，老师布置检测任务，小组成员带着任务就新授课技能内容进行实战操作，互帮互助地将技能掌握，并进行相互评分，以激励学生认真完成技能实战操作。（五动）

（4）分享展示：本环节主要是对本堂课学习效果的检测，老师根据本堂课的主要目标，通过小组合作探究完成老师布置的检测任务，然后以小组为单位进行相互打分。（五动）

（5）小结升华：本环节是对学生和老师本堂课的一个小结，既包含学生的收获也包含老师的收获，对一堂课的及时评价更有利于师生的共同发展，学生谈收获和不足，老师对学生的课堂表现和自己的表现进行客观评价，这样可以促使师生共同进步。（五动）

8.2 中职专业课教学案例一：汽修专业课

钣金六件套工具的使用教学教案

学情分析	本堂课的授课对象为中职学校学生，该类学生属于爱好专业技能学习的同学，在进行课堂学习时，往往对原理分析、组成的讲解等偏理论知识不感兴趣，他们更喜欢通过实际操作来学习课堂知识。因此，本堂课设计将以实践教学为主，知识讲解为辅。
课程作用	这部分内容在整个钣金工具中是一个较为基础但又十分重要的知识板块，学生之前已对汽车工具有了一定的了解，接下来将系统学习车身修复基础知识的内容，所以本节课的内容在整个学习结构中起到承前启后的作用。
教学目标	(1) 知识与技能目标：了解钣金工具组成；识记钣金工具的用途。 (2) 过程与方法目标：通过师生操作钣金工具的对比，培养学生发现问题、分析问题、解决问题的能力；通过自主合作学习，培养学生自主探索，合作交流的能力；能操作钣金工具进行维修。 (3) 情感领域目标：采用讲解、演练氧乙炔焊使学生对知识产生亲近感，激发学习兴趣；采用讨论问题方式学习，培养学生良好的沟通表达能力和协作互助的精神；通过强调氧乙炔焊在日常生活中的应用与重要性，培养学生在今后工作中负责任的工作态度。
教学重点	钣金工具的操作与使用。
教学难点	钣金工具的应用，钣金工具的操作与使用。
教学方法	本课程将通过情境教学，借助实物、演示等激发学生的求知兴趣和培养学生分析问题的能力，在师生互动、操作中引导学生层层深入学习，对钣金工具的使用这一课程进行自主、合作和探究式的学习；实操部分采用理实一体化教学。本节课采用问题教学和讲练结合的教学方法，运用现代化教学手段，通过创设情景，引导学生独立地去发现、分析、归纳。

续表

教学流程			
教学环节 （时间分配）	教师活动	学生活动	设计意图
环节一： 任务动员 （5分钟）	作为汽车维修人员，钣金工具被视为钣金工的生命。无论是事故车大修的结构件，还是事故车小修的覆盖件，都会用到钣金工具，学习榔头与垫铁的使用是钣金工的基本功。 知识目标： （1）识记钣金工具6件套的名称。 （2）了解钣金工具的使用方法。 技能目标： （1）能正确选用钣金工具。 （2）会使用钣金工具对车身板件进行维修。 情感目标： （1）养成良好的劳动习惯与责任心。 （2）注意操作过程中的5S和EHS。	快速回忆问题相关知识，先与同学进行交流，然后对答案进行语言整理，积极参与讨论。	（1）从身边熟悉的案例出发，使所学知识更加简单化和亲近化。 （2）采用自由讨论法，激发学生的学习兴趣，增加学生的协作精神。
环节二： 任务准备 （20分钟）	1. 钣金工具的名称 2. 钣件工具的使用方法 （1）粗修锤：主要用于初次损伤较大的事故维修。 （2）精修锤：主要用于较小损伤修复或事故后期精修作业。 （3）足尖形修锤：用于大面积平板修复。 （4）双面垫锤：用于小面积板件棱线和小弧度修复。 （5）逗号垫锤：用于板件大弧度的修复。 （6）匙形铁：用于车门上板和下板。 3. 案例高点的修复	（1）认真聆听老师讲解钣金工具的组成。 （2）学习钣金工具的应用。 （3）掌握钣金工具的操作方法。	通过讲解钣金工具的应用，激发学生的学习兴趣，并引出重要钣金工具的操作。

续表

教学环节（时间分配）	教师活动	学生活动	设计意图
环节三：任务实施（30分钟）	任务名称：车门外板小高点的修复 1. 任务准备 （1）分组：5大组，5个工位。 （2）工具：6件套世达钣金工具、钢直尺。 （3）防护用品：手套。 2. 操作要求 （1）自己制作一个高点（5—8mm）。 （2）操作时间3分钟。 3. 考核 （1）理论。 （2）实操。	（1）认真聆听老师的提问，大胆尝试计算。 （2）认真听老师讲解难点知识，并做好笔记，在学习过程中若存在疑问应及时举手提出。	教导学生遇到问题后如何处理，鼓励学生大胆尝试，勇于挑战。
环节四：任务反馈（7分钟）	1. 学生评价 2. 教师评价 3. 企业评价	（1）评价教育教学质量。 （2）教学效果的体现。	对学生和教师进行考核。
环节五：任务拓展（10分钟）	1. 重头锤的使用 （1）拿法：拿手柄的1/3处，只是力度大小。 （2）用途：用于损伤较大的结构件。 2. 鹤嘴锤的使用 （1）拿法：一般拿手柄的1/3处，根据力度大小前后移动。 （2）用途：小面积板件整平，折边修复。	复习课上讲解的主要内容，并按时做试题。	通过小的测试课有效检测学生的学习情况，给下一次课程补习内容提供依据。
环节六：课后小结（5分钟）	1. 小组点评 2. 工具的名称 3. 工具的用途	复习课上讲解的主要内容，并按时做试题。	归纳总结学习内容，加以强化。
环节七：课后作业（2分钟）	1. 填写实训报告 2. 查一查还有哪些不同的钣金工具和垫铁	通过做作业巩固知识点。	通过小的测试课有效检测学生的学习情况，给下一次课程补习内容提供依据。

续表

教学反思
本次课程采用理实一体化教学,学生积极参与提问互动,积极动手实训。但对钣金工具的应用知识仍掌握不牢,钣金工具的操作有待提高。上课语速稍快,下次课程应详细讲解,强化技能训练,以便学生掌握牢固。

8.3 中职专业课教学案例二:计算机专业课

课题	Flash 引导层的创建与使用		
教学目标	【知识目标】 (1) 掌握"蝴蝶花间舞"的制作方法。 (2) 了解引导层的创建与使用。 【技能目标】 (1) 学会引导图层的建立。 (2) 引导效果的实现方法。 【情感目标】 (1) 培养学生关注生活,热爱生活的情操。 (2) 培养小组的团队合作精神。		
教学重难点	引导的原理;引导动画的制作步骤。		
关键	学生利用引导文、操作视频协作学习,自评、互评。		
教具	引导文、视频、电脑、多媒体。		
采用教法	谈话法、讨论法、练习法、展示法。		
作业布置	根据老师提供的网站,学习分析他人的其他引导效果,并能独立完成一个动画制作。		
教 学 过 程			
环节	教师活动	学生活动	时间
第一环节 (能力发展动员)	播放 Flash 动画优秀的引导层动画作品,让同学们欣赏。	进入情境,激发兴趣,明确学习目标。	5 分钟

续表

环节	教师活动	学生活动	时间
第二环节（能力发展诊断）	（1）诊断。提问：从以上的动画中，你发现了哪些元素？分发"Flash基础能力诊断表"。 （2）了解学生已有的知识能力水平。 （3）"强弱"搭配分组。	（1）根据自己的真实情况如实填写。 （2）每组组长汇报本组诊断情况。	5分钟
第三环节（能力发展训练）	提出任务：蝴蝶花间舞 （1）提供学习资料，并简单分析作品、引导文、操作视频。 （2）全班评价：对在全班展示的那幅作品进行集体评价。 （3）针对组长汇报的情况，对存在的问题进行点评、指导。 （4）根据分数的高低评选出优秀制作团队一、二、三等奖，予以鼓励。	学生行动： （1）讨论分析制作步骤； （2）根据引导文和视频小组讨论式学习，互帮互助，共同完成。 作品展示： 小组内展示；抽选一名同学在全班展示。 作品评价： （1）组长对组员的作品进行评价。 （2）填写评价表，向老师汇报评价结果。	25分钟
第四环节（能力发展鉴定）	提问： （1）创建引导层的方法？ （2）引导层动画有几个图层，图层位置和内容是什么？ （3）什么时候适用于引导层动画？	畅所欲言，回顾知识要点，谈谈自己的收获。	5分钟
第五环节（能力发展反思）	（1）总结学生本次课的学习情况。 （2）分发学生意见反馈表。	如实填写学生意见反馈表。	3分钟
课后作业	提供学习网站。学习Flash引导层在其他作品的应用和制作。	（1）认真学习老师提供的网上教程。 （2）尝试完成"游动的小金鱼""绕地球旋转的卫星"。	2分钟

8.4 中职专业课教学案例三：旅游烹饪专业课

中餐服务基本技能——托盘的使用教学教案

课题	中餐服务基本技能——托盘的使用
教学目标	知识基本技能：中餐服务基本技能的概念。 服务基本技能：托盘的种类及用途。 能力基本技能：托盘的操作要领、轻托注意事项。
教学重点	托盘的操作要领、轻托注意事项。
教学难点	托盘的操作要领。
教学方法	讲解、展示与案例相结合。

教师活动	学生活动	教学意图
【引入】把以餐巾折花、摆台、斟酒、上菜、分菜的课件图片展示给学生看，这是中餐服务的哪些技能，所有的操作中都用到了哪一项技能？——托盘，引入新课。 第二章 第二节 中餐服务基本技能——托盘 【讲解】 中餐服务基本技能是指与餐饮业务相关的规范的基本技能或技巧。熟练地掌握餐饮服务基本技能是做好服务工作、提高服务质量的基本条件。 问题：中餐服务基本技能到底有哪些呢？	（学生讨论，选1组1人回答问题，都用到了托盘这项技能） 学生齐读书中此概念内容，要求学生理解此概念	掌握概念，从常识引出新课，引起注意，激发求知欲。（动心、动脑） 学生分为3个大组，便于抽问。
【板书】第二节 中餐服务基本技能——托盘 【讲解】托盘是餐厅运送各种物品的基本工具。正确使用托盘是每个餐厅服务人员的基本操作技能，同时可以提高工作效率、提高服务质量和规范餐厅服务工作。	老师讲解，学生了解概念。	

续表

教师活动	学生活动	教学意图
【提问】 托盘在餐厅服务中的作用？ 【板书】 一、托盘的作用 【讲解】 举例分析： （1）可以体现餐厅服务工作的规范化和文明操作。 （2）可以减少搬运餐饮物品的次数，提高工作效率和服务质量。（摆台时一次托送很多餐具） （3）是对客人的重视和礼貌待客的表现。（如：结账递送账单等） （4）可以展示饮品，起到推销作用。（托盘里一次至少托送3瓶不同的酒水、饮料让客人看到，起到推销的作用） 【提问】 大家看到过的托盘都有哪些种类？ 【讲解】 各种托盘实物讲解。 【板书】 二、托盘的种类及用途 【讲解】 （1）按其质地分为有塑胶防滑托盘、不锈钢托盘、银托盘、木质托盘等。 （2）根据用途、规格的差异，托盘又分为大、中、小三种规格，其形状有方形、长方形和圆形等。长方形托盘一般用于托运菜点和盘碟等较重物品。圆形托盘直径大的主要用于对客服务，如斟酒、分菜和托送饮品等；直径小的金属圆托盘主要用于递送账单和信件等。 【板书】 三、托盘的操作方法（重点、难点） 【讲解】 托盘方法按承载物重量分为轻托和重托两种。	各组思考、讨论，2组回答。 做好笔记。 全班思考、讨论、回答。	动心、动脑、动口。

续表

教师活动	学生活动	教学意图
轻托的操作有哪几个环节？ 课堂练习： 托盘的操作程序是（D）→（A）→（B）→（C）→（E）五个环节。 A. 装盘　B. 起盘　C. 行走　D. 理盘 E. 卸盘 （一）轻托 1. 概念 轻托是指托送比较轻的物品，或用于上菜、斟酒、撤换餐具等，一般所托送重量在5公斤左右。 2. 操作程序和要领 （1）理盘。根据所托物品选择清洁合适的托盘，如果不是防滑托盘，还应该在托盘内垫上洁净的垫布。 （2）装盘。原则：重量分布均匀、安全稳妥、便于运送和取用为原则。 要领：一般是把重物、较高的物品放在托盘里挡；轻物、低矮的物品放在外挡；先上桌的物品在上、在前；后上桌的物品在下、在后。 （3）托盘（起盘）。 问题： 轻托有哪些操作要领？ 轻托操作要领（重点难点）。 轻托一般用左手。左臂自然弯曲成90度角，手肘离腰部约15厘米；掌心向上，五指分开，以大拇指的指端到掌根部位及其余四指的指端托住盘底，手掌自然形成凹形，掌心不得与盘底接触；把托盘托于胸前，略低于胸部，并注意左肘不要与腰部接触，重心始终落在掌心或掌心稍内侧。	学生仔细思考，集体回答课堂练习。 阅读教材，书写笔记，认真看，结合老师所讲内容和课本图例学习操作方法。 1位同学示范、讲述，3个大组各选1位同学评价纠正。 老师示范，全班同学起立跟老师一起做。 发白纸给学生，各组写出答案，贴在黑板上。	引入新的内容，明确教学重点。 了解托盘的使用操作方法，进一步激发学生学习兴趣，培养思维和分析问题的能力。 动心、动脑、动手、动口、动情。

续表

教师活动	学生活动	教学意图
起盘（起托）：起托时左脚朝前，用右手慢慢地将托盘挪到桌子的边缘，左手掌放在托盘底部，双脚分开，双脚下蹲成骑马蹲档势，腰部略向左前方弯曲，起托时慢慢起身，将托盘托于胸前；用右手调整托盘上各种物品的位置，确保托盘的安全平稳。 （4）行走。行走时头正肩平，收腹挺胸，目视前方，精力集中，脚步轻快稳健，姿势优美，随着步伐移动，托盘回在胸前自然摆动，但以菜肴酒水不外溢为标准。 问题：拓展训练一 ·行走时有哪些步伐？（老师讲解） ·拓展训练一：请选择正确的托盘行走步伐 ·常步　　　　托送汤汁较多的菜肴 ·快步　　　　穿行狭窄的通道 ·碎步　　　　平常行进的步伐 ·垫步　　　　托送火候菜肴 行走时的步伐： ①常步：步距均匀，快慢适中，为平常行进的步伐。 ②快步：步距较大，步速较快，但不等于跑步，稳重求快，主要用于托送火候菜。 ③碎步：步距较小，步速较快，上身保持平稳，主要用于端送汤制较多的菜肴。 ④垫步：当需要侧身通过时，左脚侧一步，右脚跟一步。主要适用于穿行狭窄的过道。 （5）卸盘（老师示范）。 操作要领： 到达目的地后，要把托盘平稳地放到工作台上（先放到工作台边上，再慢慢将托盘移动到工作台里边），再安全取出物品。 实操：分组托盘练习	注意不正确的托盘操作。	动心、动脑、动手、动口、动情。

续表

教师活动	学生活动	教学意图
拓展训练二：轻托注意事项 ①托盘不可从客人头上越过，以免发生意外；从客人头上越过也是一种不礼貌的行为。 ②用轻托的方式给客人斟酒时，要随时注意调整托盘的重心，勿使托盘内酒水翻倒，以免将酒水泼在客人身上。 ③从托盘内取用物品时，要从两边交叉取拿，以保持托盘的平衡。 ④撤下的盘碟要按装饰的要领进行合理摆放，碟内的剩余物品要集中放在一起。 ⑤托托盘时要量力而行，切忌贪多，以确保操作的安全。 ⑥托盘时要用左手，右手自然下垂或背于腰间。		动心、动脑、动口。
【小结】（在学生讨论的基础上，归纳小结） 1. 托盘的作用、种类用途？ 2. 轻托操作的几个步骤和操作要领？ 3. 轻托常见的步伐？ 4. 轻托操作注意事项？ 整个教学过程充分体现以教师为主导，以学生为中心的全新教学理念。 【课后思考题】 1. 结合自身情况，你会从哪些方面学好托盘这项技能？ 2. 假设你是一位餐厅主管，你会从哪些方面培训餐厅服务员学好托盘这项技能？		动心、动脑、动口、动情。

【作业】

1. 托盘的作用、种类用途。

2. 轻托操作的几个步骤和操作要领。

3. 轻托常见的步伐。

4. 轻托操作注意事项。

5. 操作托盘练习。

8.5 中职专业课学科"五动"课堂教学评价

中职专业课"五动"课堂学习行动模式教学评价表

评价指标	评价内容	评价要素	评价标准	分值				得分	备注
	教学设计（15分）	"五动"模块；"五动"要求。	"五动"五模块，师生活动明确，利于目标达成（9—15分）；脱离"五动"模块，师生互动单一（9—6分）。	15	12	9	6		依据授课计划
	教学环境（5分）	课前准备，教学资源，教学设备，多媒体选用，学习氛围。	教学资源充足，教学设备恰当，利于学生积极"五动"（4—5分）；设备、资源单一，学生无趣（3—2分）。	5	4	3	2		依据现场观测
"五动"动心动脑动手动口动情	教学实施（五模块）（50分）	1. 激趣导入	创设情境，体验感受，自然过渡	学生投入主动活动，快速进入情景（12—15分）；学生被动感受，教师课本直导（6—9分）。	15	12	9	6		依据课堂"五动"达成度
		2. 目标引领	三维目标有机统一，凸显情感价值观。	清楚明了，切实可行（4—5分）；目标不明确（2—3分）。	5	4	3	2		
		3. 任务实施	注重学习方法的培养，关注学生的实操体验，注重导行，对学生参与实践的积极性培养。	教学任务明确，学生积极主动，生生互动，师生互动效果好（15—20分）；学生被动地听讲，学生被动接受，感到紧张（10—14分）。	20	18	15	10		
		4. 多元检测	自测、互测、集中检测。	简单易行，方式多样（4—5分）；方式单一（1—3分）。	5	4	3	2		
		5. 总结提升	归纳、提炼、分析、反思。	情感升华，提升认识，形成网络（4—5分）；反之（2—3分）。	5	4	3	2		

续表

评价指标	评价内容	评价要素	评价标准	分值				得分	备注
"五动"动心动脑动手动口动情	教学效果（25分）	目标达成情况；"五动"参与度。	"五动"目标参与度高（20—25分）；反之（10—15分）。	25	20	15	10		依据学生自评
	教师素养（5分）	学科功底；语言表述；仪表教态；板书设计；课堂调控。	功底扎实；教态自然，板书规范；调控力强（4—5分）；反之（2—3分）。	5	4	3	2		依据综合表现
总体评价：				总分				满分100分	

附注：评价时，参考表中罗列的"五动"要素，勾选出用到的要素，根据"五动"程度及效果打分。总体评价分"优秀""良好""合格""不合格"四个等级。

第9章

"五步五动五能"课堂教学模式应用实践与成果

9.1 "五动"课堂学习行动模式实施背景

全面贯彻党的教育方针,落实立德树人根本任务,推动人的全面发展是新时代建设中国特色社会主义的需要。2009年,教育部印发的《关于制定中等职业学校教学计划的原则意见》(教职成〔2009〕2号)明确指出"公共基础课的任务是引领学生树立正确的世界观、人生观,价值观,提高学生思想政治素质,职业道德水平和科学文化素养,为专业知识的学习和职业技能的培养奠定基础,满足学生职业生涯发展需要,促进终身学习。"由此可见,公共基础课在中职教育中扮演着重要的角色。

目前,中职公共基础课的教学也存在较多问题。具体表现在:

1. 中职公共基础课教学目标三维融合不够

传统的中职公共基础课教学大纲反映出课程目标比较笼统、育人要求不够具体、三维目标融合不够等问题,较少挖掘公共基础课的教育内涵和素质培养功能,教学目标不明确。

2. 中职公共基础课教学过程学生行动不够

传统的中职公共基础课课堂教学方法普教化明显,课堂教学中学生的行动导向不够,学生在课堂上的主动性不高,教师把控能力不强。

3. 中职公共基础课教学评价能力考核不够

传统的中职公共基础课课堂教学评价重成绩轻素质,重理论轻能力,重结果轻过程,评价缺乏针对性和有效性。

因此,中职学校可以通过开展中职公共基础课课堂教学模式研究与实践,在"以生为本""能力发展"等教学理念的指导下,改变中职公共基础课教学方法以教师为中心,不契合职业教育规律和学生实际的现状,让中职公共基础课课堂教学"有形态、有灵魂、有习得",让公共基础课课堂教学改革走向深层,学生学习走向深度。不断提高学生的综合素养和能力,提高中职公共基础课课堂教学质量,服务职业教育高质量发展。

9.2 "五动"课堂学习行动模式实践方案

1. 构建基于核心素养的"三维"教学目标

基于学科核心素养及课程目标总要求,构建公共基础课三维目标体系;确定了中职公共基础课"强化基础能力培养、促进专业学习能力及综合素养提升"的课堂教学三维总目标;形成了"知识技能、过程与方法、情感态度价值观"三维子目标,构建学科三维目标体系,贯穿于堂课教学活动中;融合公共基础课学科三维目标,将"五动五能"融入教学三维目标,研制形成《公共课学科教案集》,教师按照统一划分的教学目标编写电子教案,选取契合的教学方法,统一制作教学课件,统一组织课堂教学,便于课堂教学的有序推进。

2. 优化基于生本理念的"五步"运行程序

基于"以生为本"教学理念,优化教与学运行程序,促使教学有效融合。教学向度上优化"五步"教学程序,将教师行为划分为"激趣、定向、引领、评价、拓展"五个环节,并按照1:2:1的比例合理分配教学时间;学习向度上改进"五动"学习行为,引导学生主动、深度参与课堂学习,基于学习情境充分调动"动心、动脑、动手、动口、动情";条件向度上搭建资源支撑体系,探索"三主体、三阶段、三岗位"公共课教师培养模式,研制《教学质量标准》等制度文本;打造智慧教学平台,建设班级多媒体"班班通";基于教材研制了活动化、案例化、情境化的教学资源包,为教学模式改革的有序推进提供了有力支撑。

3. 实施能力导向的教学"五能"教学评价

结合学科特点和学生学情,系统实施课堂教学评价,构建了"五能"评价指标体系。突出学生的学习结果运用能力考核,构建了包含"能听、能说、能读、能写、能用"5个一级考核指标,18个二级考核指标,28个能力观测点,运用特尔斐法和层次分析法,对三级指标积分赋权;建立教学评价积分"存储器"。运用教学评价量化总表、学科量化表和课堂记录表三种评价工具,真实记录学生学习情况,形成学习记录本,及时向家长及学校发布,提高评价的有效性;多主体、多途径实施课堂评价。科任教师、学生、班主任、专业老师、家社、企业人员共同构成评价主体,选取观测、检测、记录、考试、竞赛等方式,同步采用师生、生生互评,过程与结果相结合的方法,着力于能力导向的课堂评价。

9.3 "五动"课堂学习行动模式实践创新

1. 首创"五步五动五能"公共基础课课堂教学模式

基于"以学生为本"和"能力本位"的指导思想,以公共基础课课堂为改革阵地,聚焦课堂教学核心环节和程序,规范教学行为和评价手段,创新提出公共基础课"五步五动五能"教学模式。搭建了教学向度、学习向度和条件向度的三度融合机制,单元及模块和学时的教学模式,教师按照"激趣、定向、引领、评价、拓展"五个步骤教学,学生按照"动心、动脑、动手、动口、动情"五个层次行为,评价按照"能听、能说、能读、能写、能用"五种能力考核。"五步"的教学实施、"五动"的学习行动、"五能"的评价机制,构成了公共基础课教学新模式。如图 9-1 所示。

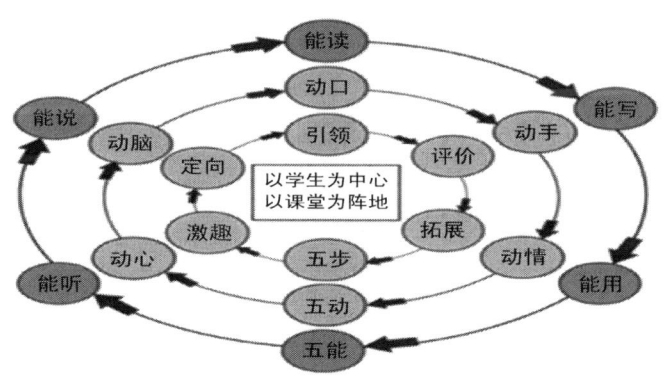

图 9-1 中职公共基础课"五步五动五能"课堂教学模式图

2. 构建了"师资+制度+平台+资源"的教学支撑体系

对公共基础课教学保障机制建设作了系统性架构,逐步建立以机制建设为引领,从师资队伍、制度建设、平台建设、资源建设等方面为内容的教学支撑体系,有力保障了教学改革在学校的有效推进。切实将"五步五动五能"教学模式改革情况作为重要指标纳入教师绩效工资考核，调动任课教师参与教学改革的积极性。深入挖掘教学改革的典型经验和做法，推荐优秀教师参与项目推介活动。建设了一批智慧教学平台和一套评价数据管理系统，使公共基础课教学模式改革有制度、有考核、有机制、有平台，切实保障公共基础课教学模式改革顺利落地。

3. 探索了"三主体、三阶段、三岗位"教师培养新模式

为更新教师的教育理念，提升教学能力，保证公共基础课课堂教学模式改革顺利推进，探索了公共基础课教师"三主体、三阶段、三岗位"协同培养新模式。将公共基础课教师与专业课教师统一规划、统一培养、统一考核。公共基础课教师专业发展依托"三主体"即"学校、企业、导师"共同实施，通过"三岗位"即"初级识岗、中级跟岗、高级顶岗"的岗位培育，逐步实现"初级双师、中级双师、高级双师"的"三阶段"的蜕变。基于SET平台构建了一体化教师培养体系和考核评价模型，打造了一支素质高、业务强的专业化的教学改革队伍。

9.4 "五动"课堂学习行动模式实践成果

9.4.1 理论成果

1. 理论研究成果丰硕

编著著作2本、主持或主研省部级以上课题4个，发表论文37篇、论文获奖24篇，主编或参编教材16本，教辅11本。如牵头编著了《中职学校公共基础课"五动"课堂学习行动模式研究与实践》（中国财政经济出版社）、《中职的师资培养与教学改革研究》（东北师范大学出版社）等著作，《课时解析与阶段测试——语文拓展模块》（西南师范大学出版社）、《语文考点大通关》（上海浦江教育出版社）等教材，《职业生涯规划教学设计》《英语基础模块教学设计》《数学基础模块教学设计》等教辅资料。主研并结题全国教育科学"十二五"规划教育部重点课题《中职英语教师培训有效模式研究》（李英惠）、主持并结题重庆市教育科学"十三五"规划重点课题《中职学校公共基础课"五动"课堂学习行动模式研究》（黄轶）、主持并结题重庆市

职业教育学会年度课题《中职汽车专业基于现代学徒制"三段三岗"人才培养模式实践研究》（陈建军）；发表的主题论文如《"五动"学习行动模式下的课程管理》、《浅析"五动"课堂学习行动模式》（苏建中）等，论文《语文学科核心素养背景下的中职语文"五动"课堂建构研究》（黄轶、吴瑜）《中职公共基础课"五动"课堂学习行动模式研究》（黄轶）等获得市级论文评选一等奖。

2. 成果教科研奖励丰富

团队成员获得国家级教学成果奖二等奖1项、重庆市政府教学成果二等奖和三等奖各1项，首届国家优秀教材奖二等奖1项，重庆市教委2020年中职教学成果培育Ⅱ类等荣誉。

3. 推广教师成果颇丰

成果推广团队教师发表论文20篇，主持或主研课题6项，有效提高了成果的辐射力和影响力。

9.4.2 实践成果

在3所学校12800名学生中开展试点应用，取得了丰硕的实践成果。

1. 人才培养成效突出

学生课堂"参与度"从65%上升到98%；课堂满意度从35%提高到85%。参加重庆市公共基础课统一抽测，平均分排名位于中上水平，综合素质显著提升；参加对口高职考试升学率从75%提高到98%；对口就业率由70%提高到96%，用人满意度达92%，就业质量显著提高。参加技能大赛获国家级奖16个、金牌7个；市级技能大赛146个。在"文明风采"活动、征文、朗诵、手抄报、体育等比赛中获国家级奖40项、市级奖356项、区级103项。

2. 教师能力迅速提高

教师参加教学能力、论文、赛课和指导学生等各种大赛共获国家奖47项、市级奖418项、区级奖43项。教研科研能力大幅提升，主持或主研省部级课题4项，催生区级课题6项；6名教师成为市学科中心组成员，新增市骨干教师8名、市教学名师6名，1位教师获市"英才计划"人才项目；教师获国家级教学成果二等奖1项、市级教学成果3项；2位教师主编的教材入选"十三五"职业教育国家规划教材，1本教材获首届全国优秀教材奖。

3. 学科建设全面推进

健全公共基础学科资源库，编写公共课《教学设计》10本，优质课件248个、微课69个，教学视频66个、教学资源包36个，开发《中职语文综合实践活动课程》等9本校本教材，各科均建立了考试题库，学科建设成效喜人。

4. 内涵建设再上台阶

学校2017年顺利完成市级示范校建设项目，获全国职业院校技能大赛（中职组）十年突出成就奖，获市级"高水平"和"双优"建设项目单位。当前，学校正全面推进内涵建设，深入推进"三教"改革，着力打造巴南职教样板、争创巴渝一流中职学校。

9.4.3 推广成效

1. 育人成效显著提升

学生综合素质普遍提高，课堂满意度和参与度显著提升；参加全市公共基础课抽考成绩逐步提高；就业率、创业率、职业资格考证率超平均水平，1+X通过率100%。参加文明风采和技能大赛成绩在全市名列前茅。

2. 教师能力稳步提高

教师课堂教学态度日趋端正，教学能力大幅提升，参加市级教学能力大赛成绩喜人，科研能力不断提高，获首届国家级教材奖2等奖1项，2位教师主编的教材入选"十三五"职业教育国家规划教材。

3. 学校办学质量提升

学校顺利通过市级示范校验收，获得市级高水平学校建设和优质学校建设项目，获得全国职业院校技能大赛（中职组）十年突出成就奖。成果在3所学校试点，后推广到巴南区所有中职学校及九龙坡区、大渡口区等10余个区县，应用学校发展到18所，直接受益学生达10.2万人次。

4. 社会影响力提升

在重庆市教学分析研讨会、重庆市中职英语教研工作会、重庆市中职公共艺术教研会、重庆市中职教学视导等市级活动上推介 12 次，辐射重庆市所有中职学校；成果在四川、广东、云南等地推广，得到一致认可。兄弟院校累计派送教师代表 880 人前往学校观摩公共基础示范课和研究课共 38 节。《中国教育报》《重庆日报》《华龙网》等主流媒体进行了专题报道，点击量累计达到 50 万次，在职业教育领域乃至全社会产生了较大的影响力。

9.5 未来展望

今后将继续在"以生为本"理念的指导下，继续深化研究与实践，依托更多高层次平台推介成果，完善教学制度和机制，出台具体的推广方案和文件，不断融合理论和实践成果，将国家对"三教"改革的要求落地，探索符合重庆职业教育的教学模式。组建专门的推广师资团队，打造精品优质课程资源，尝试在高职院校及职业技术本科院校推广应用，在重庆市内外形成更大的影响力和辐射面。

附录一 中职"五动"课堂学习模式实践成果汇总

（一）成果著作

序号	作者	形式	名称	出版单位	出版时间/刊物期号
1	吴瑜等8人	校本教材	《中职语文综合实践活动课程》	西南师范大学出版社	2017.2
2	毕冲	校本教材	《色彩基础》	西南师范大学出版社	2017.6
3	卢光敏 杜德全	校本教材	《数学拓展读本》	西南师范大学出版社	2017.7
4	黄轶 文霞 张念 何莉	教材	《音乐实用教程》	西南师范大学出版社	2017.7 ISBN978-7-5621-8738-7
5	曾静 鄢红	教材	《九宫格双叠习字格练习法》	重庆出版社	2017.11 ISBN978-7-229-12816-6
6	吴瑜	教材	《课时解析与阶段测试——语文拓展模块》	重庆出版社	2016.8 ISBN978-7-229-11324-7
7	吴瑜	教材	《幼儿文学作品赏析》	西南师范大学出版社	2018.6 ISBN978-7-5621-9267-1
8	吴海琴	教材	《中职诊断卷二 数学》	重庆出版社	2019.8 ISBN978-7-229-13493-8
9	蒋平等3人	教材	《对口分类高考英语总复习》	重庆出版社	2019.9 ISBN978-7-229-13481-5

续表

序号	作者	形式	名称	出版单位	出版时间/刊物期号
10	谢懿等2人	教材	《英语对口分类高考押题卷》	重庆出版社	2019.9 ISBN978-7-229-13482-2
11	卢光敏等5人	教材	《对口分类高考总复习数学》	重庆出版社	2019.8 ISBN978-7-229-13470-2
12	汤文群	教材	《中职诊断卷二 语文》	重庆出版社	2019.9 ISBN978-7-229-13491-4
13	鄢红	教材	《对口分类高考语文总复习》	重庆出版社	2019.12 ISBN978-7-229-13469-3
14	吴瑜	教材	《语文考点大通关》	上海浦江教育出版社	2020.5 ISBN978-7-81121-656-1
15	刘毅 游义兰	教辅资料	《职业生涯规划教学设计》		2017.9
16	卢光敏 张常	教辅资料	《数学基础模块教学设计》		2018.1
17	蒋平 张常	教辅资料	《英语基础模块教学设计》		2018.1
18	刘毅 游义兰	教辅资料	《职业道德与法律教学设计》		2018.9
19	刘毅 游义兰	教辅资料	《经济政治与社会教学设计》		2018.9
20	刘毅 高俊杰	教辅资料	《心理健康》		2018.9
21	刘毅 吴瑜	教辅资料	《五动课堂论文集》		2018.12
22	鄢红	教辅资料	《语文——职业模块教学设计》		2019.4
23	吴瑜	教辅资料	《语文——阅读与写作二教学设计》		2019.4
24	李平	教辅资料	《语文——阅读与写作三教学设计》		2019.4

续表

序号	作者	形式	名称	出版单位	出版时间/刊物期号
25	汤文群	教辅资料	《语文——阅读与写作四教学设计》		2019.4
26	黄铁	专著	《中职学校公共基础课"五动"课堂学习行动模式研究与实践》	中国财政经济出版社	2021.10
27	陈建军 黄铁	专著	《中职的师资培养与教学改革研究》	东北师范大学出版社	2021.8

（二）课题

序号	课题名称	负责人或主研人员	时间	级别	状态
1	中职英语教师培训有效模式研究	李英惠	2017.04	全国教育科学"十二五"规划教育部重点课题	结题
2	中职学校公共基础课"五动"课堂学习行动模式研究	黄铁	2020.12	职业教育重点课题	结题
3	基于创客教育理念下的创造性思维培养研究	李玥青	2019.05	教育信息技术专项课题	结题
4	中职汽车专业基于现代学徒制"三段三岗"人才培养模式实践研究	陈建军	2019.10	重庆市职业教育学会科研课题	结题
5	中职英语教学资源开发研究	李英惠	2021.07	重庆市教育学会	结题
6	中等职业教育课程改革国家规划新教材使用情况及教材建设研究	傅渝稀	2019.03	职教专项规划课题	结题
7	重庆市中等职业学校心理健康教育立体网络模式的建构与实践	傅渝稀	2016.01	"西部职业教育教材建设及师资培训项目"一般课题	结题

续表

序号	课题名称	负责人或主研人员	时间	级别	状态
8	巴南区中小学优质生源贯通培养策略研究	李英惠	2020.10	重庆市巴南区教育科学规划课题	结题

（三）成果论文

1. 论文发表情况

序号	论文名称	作者	杂志	出版时间	级别
1	浅析"五动"课堂学习行动模式	苏建中	科学咨询·职教创新	2016.10	国家级
2	"五动"学习行动模式下的课程管理	苏建中 李 鉴	科学咨询·职教创新	2016.10	国家级
3	中职语文口语交际能力训练初探	蒋 惠	科学咨询·职教创新	2016.10	国家级
4	浅谈"五动"教学模式，在中职数学教学中的应用	卢光敏	科学咨询·职教创新	2016.10	国家级
5	项目教学法在职业生涯规划教学中的应用探索	游义兰 刘 毅	科学咨询（科技·管理）	2016.3	国家级
6	"五动"课堂学习行动模式在中职《计算机应用基础》教学中的应用初探	殷丹丽	速读	2016.6	国家级
7	德育课探索"互动"课堂学习行动模式的必要性	刘 毅	科学咨询·职教创新	2016.7	国家级
8	浅议中职语文"互动"课堂老师的角色转变	吴 瑜	科学咨询（科技·管理）	2016.9	国家级
9	"五动"课堂下学习行动模式下的评价模式改革实践	殷丹丽	科学咨询·教育科研	2016.9	国家级
10	职业院校"双师型"教师培养的探讨	黄 轶	科学咨询·职教创新	2016.9	国家级

续表

序号	论文名称	作者	杂志	出版时间	级别
11	"五动课堂教学"模式在德育课中的运用	陈贞琼	科学咨询·职教创新	2016.9	国家级
12	心理健康教育"五动"课堂学习行动模式探索	游义兰	科学咨询·职教创新	2016.9	国家级
13	"五动"课堂模式融入中职学前教育德育课的策略探析	谢空娅	科学咨询·职教创新	2016.9	国家级
14	打造"五动"课堂 实现高效教学	杨小兰 陈贞琼	科学咨询·职教创新	2016.9	国家级
15	开展"五动"课堂学习行动模式的策略与实践	殷丹丽	科学咨询·职教创新	2016.9	国家级
16	试论中职语文"五动"教学模式	李生凡	科学咨询·职教创新	2016.9	国家级
17	中职语文"五动"课堂学习模式初探	吴 瑜 李 平	科学咨询·职教创新	2016.9	国家级
18	"五动"语文课堂：让学生主动学习	汤文群	科学咨询·职教创新	2016.9	国家级
19	"五动"教学，不负初心	於常碧	科学咨询·职教创新	2016.9	国家级
20	"五动课堂"激活中职语文阅读教学	蒋 惠	科学咨询·职教创新	2016.9	国家级
21	开启中职男生班课前三分钟口语"心动模式"	李 平	科学咨询·职教创新	2016.9	国家级
22	"五动"课堂学习行动模式在德育课教学中的运用	刘 毅	教育	2016.08	国家级
23	"五动"教学中如何发挥学生主体作用	卢光敏	教育科学	2018.02	国家级
24	分层教学法在中职汽车维修专业教学中的应用	陈建军	汽车与驾驶维修	2018.05	国家级
25	中职德育教学的问题与对策探究	谢空娅	科学咨询	2018.07	国家级

续表

序号	论文名称	作者	杂志	出版时间	级别
26	中职汽修专业"三段三岗"人才培养模式调研报告	陈建军	进展：教学与科研	2018.09	国家级
27	如何为中职英语口语教学创设合适的语境	李 军	现代职业教育	2018.10	国家级
28	中职学校德育教育现状与反思	吴 砚	进展：教学与科研	2018.11	国家级
29	如何提高学生的记忆力	易晓燕	进展：教学与科研	2018.11	国家级
30	中职学校英语教学中多媒体的应用	谢 懿	教育科学	2018.11	国家级
31	"五动"模式，让《电工基础》课堂活起来	刘宗成	文渊	2018.12	国家级
32	中职语文教学 提高实用性例谈	鄢 红	进展：教学与研究	2019.01	国家级
33	中职德育教学面临的困境及对策分析	谢空娅	文化研究	2019.03	国家级
34	浅谈中职数学课堂提问有效性策略研究	叶大林	文渊	2019.06	国家级
35	兼顾过程评价重拾英语学习信心	李 军	科学咨询	2019.09	国家级
36	"五步五动五能"课堂教学模式研究与实践	黄 轶 吴 瑜	重庆第二师范学院学报	2021.08	全国教育院校精品期刊
37	汽车变速箱速度传感器扫频振动性能分析与结构优化	陈建军 黄 轶 苏建中	塑料科技	2021.07	中文核心期刊

2. 论文获奖情况

序号	时间	论文名称	等级	获奖人员	授予单位	层次
1	2017.04	不忘初心 方得始终——谈谈职业学校教师的教育教学行为	二等奖	程克英	重庆市教育科学研究院	市级

续表

序号	时间	论文名称	等级	获奖人员	授予单位	层次
2	2017.04	职业院校"双师型"教师培养的探讨	一等奖	黄 轶	重庆市教育科学研究院	市级
3	2017.04	开启中职男生班课前三分钟口语"心动模式"	一等奖	李 平	重庆市教育科学研究院	市级
4	2017.04	试论中职语文"五动课堂"教学模式之动情——中职语文教学与审美教育	三等奖	李生凡	重庆市教育科学研究院	市级
5	2017.04	"五动"课堂：让中职德育课动起来	三等奖	刘 毅	重庆市教育科学研究院	市级
6	2017.04	微时代下，心理健康教育"五动"课堂学习行动模式探索	二等奖	游义兰	重庆市教育科学研究院	市级
7	2017.04	"五动课堂"激活中职语文阅读教学	三等奖	蒋 惠	重庆市教育科学研究院	市级
8	2017.04	"五动"学习行动模式下的课堂管理	三等奖	苏建中	重庆市教育科学研究院	市级
9	2017.04	"五动"语文课堂：让学生主动学习	二等奖	汤文群	重庆市教育科学研究院	市级
10	2017.04	浅议中职语文"五动"课堂教师的角色转变	二等奖	吴 瑜	重庆市教育科学研究院	市级
11	2017.04	打造"五动"课堂 实现高效教学	二等奖	陈贞琼	重庆市教育科学研究院	市级
12	2017.04	浅谈"五动"教学模式在服装画技法课中的运用	二等奖	廖 洁	重庆市教育科学研究院	市级
13	2017.04	"五动"课堂下学习行动模式下的评价模式改革实践	二等奖	殷丹丽	重庆市教育科学研究院	市级
14	2017.04	"五动"学习行动模式在旅游服务技能教学中的运用	三等奖	李 鉴	重庆市教育科学研究院	市级
15	2018.04	"五动"课堂——让服装设计课更精彩	三等奖	王 欣	重庆市教育科学研究院	市级
16	2018.04	"五动"课堂学习行动模式在中职《计算机应用基础》教学中的应用初探	三等奖	殷丹丽	重庆市教育科学研究院	市级

续表

序号	时间	论文名称	等级	获奖人员	授予单位	层次
17	2018.04	"五动"身心，作文不难	三等奖	於常碧	重庆市教育科学研究院	市级
18	2019.04	创新教法发挥德育课在立德树人中的主渠道作用	三等奖	刘毅	重庆市教育科学研究院	市级
19	2020.05	语文学科核心素养背景下的中职语文"五动"课堂建构研究	一等奖	黄轶 吴瑜	重庆市教育科学研究院	市级
20	2020.05	核心素养视域下中职文化课学材建构探究	一等奖	罗晓雨	重庆市教育科学研究院	市级
21	2020.05	如何将"任务驱动法"融入"五动"课堂中	二等奖	曾德华	重庆市教育科学研究院	市级
22	2020.10	中职公共基础课"五动"课堂学习行动模式方案	一等奖	黄轶	重庆市教育科学研究院	市级
23	2020.10	中职英语课堂如何让学生"动情"	二等奖	谢懿	重庆市教育科学研究院	市级
24	2020.10	坐过一站 错过一生——"三贴近"教学方法运用	二等奖	游乂兰	重庆市教育科学研究院	市级

（四）成果获奖情况

序号	获奖时间	奖项	获奖名称	获奖者	授奖单位
1	2021.01.04	2020年度中等职业教育教学成果培育Ⅱ类	以课堂为阵地 以学生为中心——中职公共基础课"五步五动"教学改革与实践	重庆市巴南职业教育中心	重庆市教育委员会
2	2017.10	全国职业院校技能大赛（中职组）	十年突出成就奖	重庆市巴南职业教育中心	重庆市中等职业学校职业技能大赛组织委员会
3	2021.07.02	首届全国教材建设奖	汽车维修涂装技术（第1版）（ISBN：978-7-5621-8661-8；西南师范大学出版社）	石光成 傅晗	国家教材委员会

续表

序号	获奖时间	奖项	获奖名称	获奖者	授奖单位
4	2020.12.08	"十三五"职业教育国家规划教材	《汽车维修涂装技术》《幼儿教师礼仪》	石光成 程克英	全国职业教育教材审定委员会
5	2017—2021	"十二五"职业教育国家规划教材	《旅游英语视听说》《英语》《英语（职业模块 工科类学生用书）》	李英惠	全国职业教育教材审定委员会
6	2017.12.21	重庆市教学成果奖（二等奖）	"宽专精"分段递进的中职汽车运用与维修专业人才培养模式探索与实践	石光成 黄 轶 吴 瑜 李英惠 殷丹丽 陈建军	重庆市人民政府
7	2017.12.21	重庆市教学成果奖（三等奖）	汽车维修基本技能（教材）	石光成 黄 轶	重庆市人民政府
8	2016.05	"文明风采"竞赛活动	优秀组织奖	重庆市巴南职业教育中心	全国中等职业学校"文明风采"竞赛组织委员会
8	2017.05	"文明风采"竞赛活动	优秀组织奖	重庆市巴南职业教育中心	全国中等职业学校"文明风采"竞赛组织委员会
8	2017.06	"文明风采"竞赛活动	组织奖	重庆市巴南职业教育中心	重庆市教育委员会
9	2019.12	2014—2019年重庆市中等职业学校体育工作	突出贡献单位	重庆市巴南职业教育中心	重庆市中等职业学校体育协会
10	2019.09.10	重庆市首届职业教育院校学生电商营销电商创业大赛	优秀组织奖	重庆市巴南职业教育中心	重庆市工业营销协会

续表

序号	获奖时间	奖项	获奖名称	获奖者	授奖单位
11	2021.6.15	2021年全国现场管理改进暨质量信得过班组建设成果发表交流活动	专业级成果	傅晗等	中国质量杂志社
12	2018.12	科研引领"四项改革"破解赛教"两张皮"的研究与实践	二等奖	黄轶等	中华人民共和国教育部

附录二　中职公共基础课"五步五动五能"课堂教学模式推广应用大事记

1. 2014 年 12 月召开了市级示范校特色项目构建"五动"课堂模式专题研讨会。

2. 2015 年 4 月 3 日召开了专家指导委员会成立大会。

3. 2015年5月—6月特色项目工作小组成员实地调研了市内八所中职学校的学生和公共基础课教师。

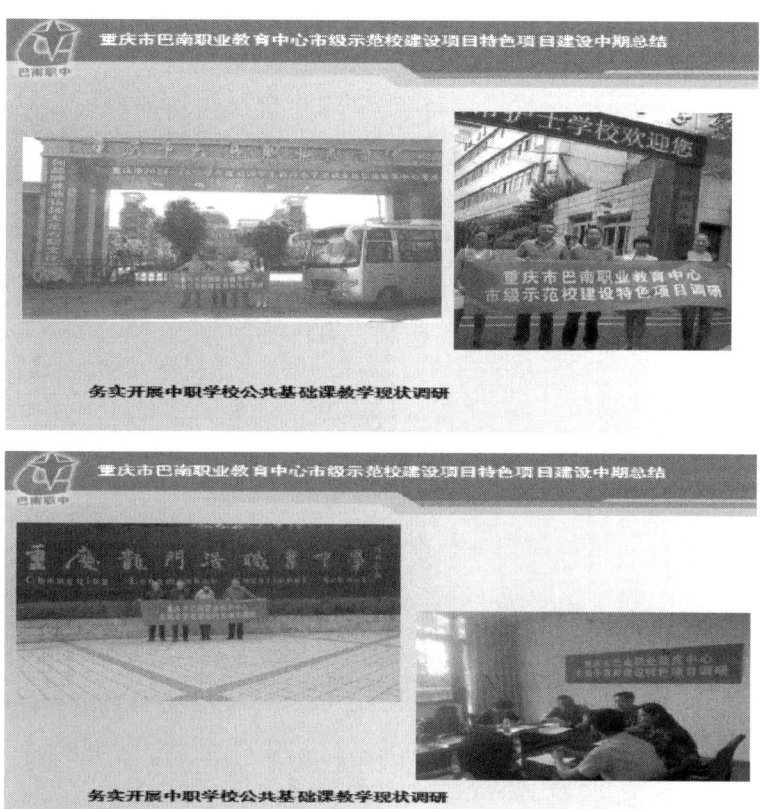

4. 2015年10月13日经过专家评审，提出修改意见，最终形成了具有一定指导意义的《中职学校公共基础课教学现状调研报告》。

5. 2015年10月在公共基础学科中开展了"五动"课堂学习行动模式——研究课堂活动。

6. 2015年12月召开了"五动"课堂学习行动模式方案专家论证会。

7. 2015年12月在校内开展"五动"课堂教学模式创新比赛活动。

8. 2016年2月召开了"五动"课堂学习行动模式评价方案专家论证会。

9. 2016年3月,巴南、南岸、大渡口、九龙坡四个区的中职教研员及部分学科教师代表共同研讨"五动"课堂学习行动模式。

10. 2016年11月，吴瑜老师在重庆市中职语文教研会上就"五动"课堂学习行动模式进行交流发言。

11. 2017—2018学年上学期，重庆市巴南职业教育中心德育、语文、数学、英语、服装、建筑、学前教育、旅游烹饪等学科教研组开展了"五动"课堂教学示范课活动。为进一步加强教学研究，深化课堂教学改革，加速"五动"课堂教学模式的推广，不断提高重庆市巴南职业教育中心教师的教学水平和专业教学技能，促使教师间相互学习、相互促进、相互提高，2017—2018学年上学期，重庆市巴南职业教育中心开展了教学公开课活动。

12. 2018年5月，重庆市巴南职业教育中心开展了"五动"课堂学习行动模式教学技能竞赛及推广活动。为进一步提升学校的办学质量，加快青年教师成长，激励青年教师不断改进教学方法，提高授课质量，加大师资队伍的培训力度，完善教学管理体制，促进"五动"课堂学习行动模式方案在校内的示范和推广，2018年5月，重庆市巴南职业教育中心在学校开展中青年教师"五动"课堂学习行动模式教学技能比赛。

13. 2019年4月—5月"五动"课堂教学示范课活动。根据学校市级课题——"五动"课堂学习行动模式的建设方案及任务书要求，在学校教管处的组织下，2019年4月—5月，重庆市巴南职业教育中心各学科组在本校开展了"五动"课堂学习行动模式教学示范课活动。

14. "五动课堂"展风采，校际观摩促提高——巴南区中职"五动课堂"教学成果推广研讨会顺利开展。2019 年 5 月 15 日下午，巴南区各中职学校语数外德育学科教师和各中职学校教学管理干部就陆续来到崭新的重庆市教研管理学校报到，参加由巴南区教师进修学校主办的巴南区中职学校语数外德育公共基础课"五动课堂"教学成果推广研讨会。

附录二 中职公共基础课"五步五动五能"课堂教学模式推广应用大事记

观摩现场展示课

区教师进修学校李英惠老师主持集中研讨会

区教委职成科潘会明科长对本次活动作总结发言

15. 2019年12月11日，五动课堂"动"起来，区域研讨"活"起来——巴南区教师进修学校组织推广"五动课堂"学习行动模式。为了贯彻和落实《国家十二五教育发展规划纲要》和《重庆市教育委员会关于加强中等职业学校公共基础课程教学管理的意见》，深化课程改革，提高中等职业教育的教学质量，重庆市巴南职业教育中心开展了重庆市教育科学"十三五"规划重点课题"中职公共基础课'五动'课堂学习行动模式研究"。通过3年的研究，取得了较丰硕的成果。为了进一步推广课题研究成果，促进巴南区与九龙坡区中职公共基础课的教学研讨，巴南区教师进修学校组织开展了"中职公共基础课'五动'课堂成果推广活动。该活动于2019年12月11日在重庆市九龙职教中心举行，来自巴南区和九龙坡区近10所中职学校的40余名老师参加了本次活动。该活动在九龙职教中心的大力支持下取得圆满成功。

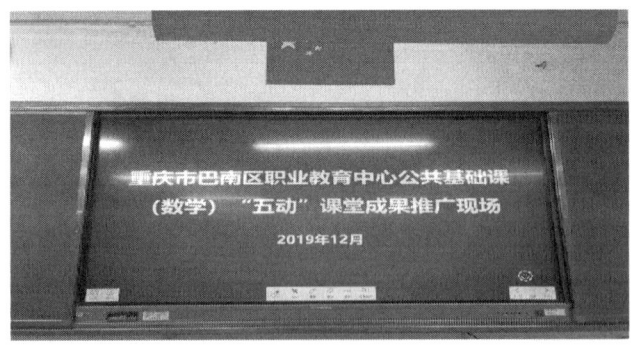

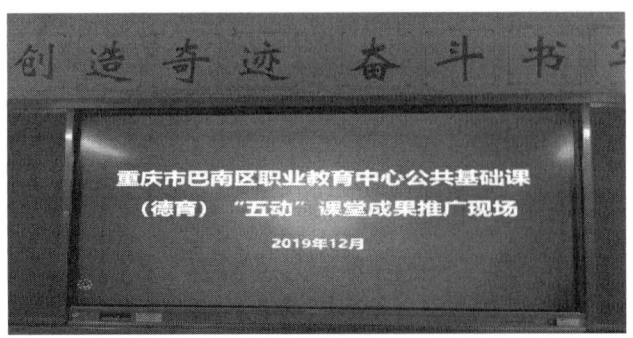

分学科研讨

集体研讨

为授课老师颁发荣誉证书

16. 2019年12月，重庆市巴南职业教育中心开展了"五动"课堂学习行动模式教学技能竞赛及推广活动。为进一步提升学校的办学质量，加快青年教师成长，激励青年教师不断改进教学方法，提高授课质量，加大师资队伍的培训力度，完善教学管理体制，促进"五动"课堂学习行动模式方案在校内的示范和推广，2019年12月，重庆市巴南职业教育中心开展了中青年教师"五动"课堂学习行动模式教学技能比赛。

17. 2020年4月—5月"五动"课堂教学示范课活动。根据学校市级课题——"五动"课堂学习行动模式的建设方案及任务书要求，在学校教管处的组织下，2020年4月—5月，重庆市巴南职业教育中心各学科组在本校开展了"五动"课堂学习行动模式教学示范课活动。

18. 2020年6月16日下午新课标落地生根，三地教研显实效——记北京、四川和重庆三地中等职业学校联合教研活动。2020年6月16日下午14：00，来自北京、四川、重庆三地的中职英语学科教师近7300人齐聚网络，参加中职英语学科教学网上研讨活动，本次活动持续2个小时。本次研讨活动内容有：专家微讲座分享；北京、四川和重庆三地分别针对听说、读写和语言应用教学设计展示及专家点评。

重庆市教科院英语教研员傅渝稀主持重庆团队的语言应用展示课

19. 2020年10月16日，重庆市机械校举办"五步五动五能"观摩课推广，巴南、大渡口、南岸教师参加。

作为重庆市巴南职业教育中心的"五步五动五能"课堂试点学校，通过三年试点研究实践，于2020年10月16日开展观摩推广活动。何启迪、何津言、李岳、杨柳四位教师将"五步五动五能"课堂教学模式运用到英语、语文、德育、数学四门公共基础课堂中。活动邀请到巴南区进修校研究员李英惠老师、南岸区中职教研员徐阳春和大渡口区中职教研员柳景川老师参加。来自巴南区、大渡口区和南岸区10所中职学校的老师参加了本次活动。

在课后的研讨活动中，老师们纷纷表示"五步五动五能"课堂教学模式基于学生心理和认知的需求，真正能够让学生在课堂上"动心""动口""动手""动脑""动情"，学生的听、说、读、写、用都得到相应提高。

20. 2020年10月23日，重庆市护士学校举办了"五步五动五能"课堂教学模式的赛课活动。孔丽、杨雅馨、吴红、韩军四位教师在英语、语文、德育、数学四门学科的课堂上进行了展示。活动邀请到巴南区进修校研究员李英惠老师、九龙坡区中职教研员李茂良和大渡口区中职教研员柳景川老师出席，来自巴南区、九龙坡区和大渡口区12所中职学校的老师参加了本次活动。课后进行了研讨，认为该模式注重学生"五动五能"，课堂效果明显。

21. 2020年12月4日，交流互鉴 共同进步——巴南区职业教育改革培训班赴合川区育才职教中心考察纪实。

2020年12月4日，由巴南区教委主办，巴南区教师进修学校负责实施的"巴南区2020年职业教育改革发展培训"会议期间，参加巴南区职业教育改革培训班的全体学员历时2小时的车程，于上午10点半来到了合川区育才职教中心。学员们在合川区育才职教中心教务处张主任的带领下，首先参观了学校的文化墙，介绍了学校发展的悠久历史、办学理念及校园文化特色等，接着参观了宽大优美的校园，学生技能实训楼、建筑体验中心、学生技能竞赛场等。在参观过程中，张主任还介绍了学校在教育教学及管理方面的相关做法和措施。

22. 2020年12月3日,中职公共基础课"五步五动五能"课堂教学模式在全市中职学校语文老师中的推广应用。

(1)吴瑜老师受邀在"市培计(2020)"——重庆市中职语文骨干教师培养对象培训班开展专题讲座。在重庆三峡学院继续教育学院承担的"市培计(2020)"——重庆市中职语文骨干教师培养对象培训班上,重庆市巴南职业教育中心吴瑜老师作为授课专家,于2020年12月3日(星期四)上午9:00—11:40为来自重庆市各区县40名中职语文教师开展了主题为《中职语文活动课程的设计与实施》的讲座。

（2）基于中职公共基础课"五步五动五能"课堂教学模式设计的《中职语文开学第一课》在重庆市各中职学校推广运用。为落实立德树人根本任务，推进中职语文课程思政，落实语文课程国家教学标准，培养学生语文核心素养，重庆市巴南职业教育中心吴瑜老师在黄轶校长和巴南区中职教研员李英惠老师的指导下，基于中职公共基础课"五步五动五能"课堂教学模式，精心设计了《中职语文开学第一课》。通过激趣导入、讨论交流、自我评价、经验分享、诵读明志等环节，让学生在"五动"中明确中职语文学科四大核心素养、八大课程目标，客观评价自己语文学习情况，查找学习上的"短板"，交流学习经验，树立学习信心。通过3年的训练，大大提升听、说、读、写、用这"五能"。

（3）罗晓雨老师通过献课活动，向全市推广中职公共基础课"五步五动五能"课堂教学模式。在2021年6月4日巴南职业教育中心承办的"重庆市2021年职业教育高质量发展主题巡讲暨教学视导活动"中，本校罗晓雨老师为大家献课，课题为《应用写作——请柬》，该节课运用中职公共基础课"五步五动五能"课堂教学模式，通过"五步"教学环节，引领学生"五动"，使学生能读出请柬中蕴含的真诚、能写出

规范的请谏、能仔细聆听老师的讲解、能说出请谏的写作格式和内容要求、能在生活中准确地运用请谏。

23. 2020年12月25日，以研促教 以研促学 研以致用——中职学校公共基础课'五动课堂'学习模式研究"结题论证会

2020年12月25日上午，重庆市巴南职业教育中心在养正楼1111会议室举行了市级"十三五"规划2020年度课题"基于校企合作的中职烹饪专业协同育人培养模式的研究"开题论证和2016年度重点课题"中职学校公共基础课'五动课堂'学习模式研究"结题论证会。

24. 2021年4月—5月"五动"课堂教学示范课活动。根据学校市级课题——"五动"课堂学习行动模式的建设方案及任务书要求,在学校教管处的组织下,2021年4月—5月,重庆市巴南职业教育中心各学科组在本校开展了"五动"课堂学习行动模式教学示范课活动。

25. 2021年5月13日,同课异构展风采,教学研讨提素养——记重庆市中等职业教育英语学科成渝两地联合教研活动。

2021年5月13日,来自成渝两地的70所中职学校150名英语骨干教师和学科教研员齐聚巴南职教中心学术报告厅,参加由重庆市教科院主办,巴南区教师进修学校协办,巴南职业教育中心承办的重庆市中等职业教育英语学科的教研活动。本次活动由重庆市教科院职成教所傅渝稀教研员主持。

以读促说阅读展示课

重庆市巴南职业教育中心黄轶校长为成渝两地中职英语老师做基于"生本理念"的中职公共基础课"五步五动五能"课堂教学模式研究与实践的成果介绍和推广

成渝两地教师代表与授课专家合影

26. 2021年5月25日，重庆市巴南职业教育中心承办2021年重庆市中等职业教育艺术课程（音乐）学科教研活动，并在活动中推广"五动"课堂模式。

2021年5月25日，重庆市巴南职业教育中心承办了2021年重庆市中等职业教育艺术课程（音乐）学科教研活动，重庆市巴南职业教育中心校长黄轶同志作致辞发言，并作"中职学校公共基础课'五动'课堂学习行动模式"推广。

27. 2021年6月3日—4日，重庆市巴南职业教育中心承办了2021年职业教育高质量发展主题巡讲暨教学视导会议，该会议主要内容是开展职业教育高质量发展主题巡讲和中职学校教研科研、专业建设现状专题调研，重庆市巴南职业教育中心校长黄轶

同志作致辞发言,并在发言中推广"中职学校公共基础课'五动'课堂学习行动模式"。

28. 2021年9月15日重庆市中职语文教研组长教学研讨会在巴南职业教育中心召开,黄轶校长、吴瑜老师在会上介绍"五步五动五能"教学模式。

2021年9月15日,重庆市中职语文教研组长教学研讨会在巴南职业教育中心召开。重庆市教育科学研究院职成教研究所胡彦所长、市中职语文中心教研组柳景川副组长、巴南区进修校李英惠教研员、巴南职业教育中心黄轶校长以及来自重庆市主城九区的语文教研员、教研组长共40位老师参与了线下教学研讨活动,80多位教研组长远程收看了直播。

会上,黄轶校长介绍了学校由搬迁到高水平建设的跨越式发展,并详细介绍了中职公共基础课"五步五动五能"教学模式的建构、运行及推广运用成效。

吴瑜老师围绕《中职语文开学第一课》的教学设计,分析如何将"五步五动五能"教学模式具体落实到教学设计和课堂教学中。

参考文献

[1] 谭春玲. 中等职业学校历史课程标准：使命、结构与特色 [J]. 中国职业技术教育, 2020 (14)：24-29+42.

[2] 陈向阳. 中职公共基础课课程标准：背景、挑战与策略选择 [J]. 中国职业技术教育, 2020 (09)：10-16.

[3] 杜德昌. 深化公共基础课程改革，促进中职学生可持续发展 [J]. 中国职业技术教育, 2019 (35)：10-13.

[4] 邵岩. 中职学校公共基础课教师培训内容与方法的创新 [J]. 职业技术教育, 2018, 39 (02)：68-71.

[5] 申瑞杰. 江苏省中等职业学校学业水平测试的构建 [J]. 教育与职业, 2015 (11)：113-115.

[6] 黄正轴, 徐谷. 武汉市中等职业学校教学质量教师评价的调查分析 [J]. 中国职业技术教育, 2015 (04)：61-68.

[7] 刘振海, 胡修江. "3+4"中职与本科分段贯通培养课程的一体化设计——以山东省为例 [J]. 职业技术教育, 2014, 35 (17)：29-32.

[8] 韩志孝. 论环境教育与中职课程的融合 [J]. 中国职业技术教育, 2014 (14)：74-76.

[9] 夏冰. 中等职业学校计算机技能大赛教学探讨 [J]. 山西财经大学学报, 2013, 35 (S1)：139.

[10] 何文明. 中职学校教师培训现状与需求调查研究 [J]. 教育与职业, 2012 (03)：19-23.

[11] 丁建庆, 冯晓波. 中职学校"二阶段三课堂"学业评价体系之运作效果设想 [J]. 职教论坛, 2011 (09)：50-52+66.

[12] 林安全, 陈好连, 丁建庆. 关于中职学校"二阶段三课堂"学业评价体系的主要内容 [J]. 职教论坛, 2011 (06)：47-50.

［13］于蒙蒙．中等职业学校教师职业倦怠成因与对策研究［D］．河北师范大学，2020．

［14］魏洪军．中职数学教学现状及改进策略分析［J］．现代职业教育，2020（04）：76－77．

［15］汪礼富．中职数学教学的现状及对策研究［C］//福建省商贸协会、厦门市新课改课题小组．华南教育信息化研究经验交流会论文汇编（八）．福建省商贸协会、厦门市新课改课题小组：福建省商贸协会，2020：284－285．

［16］吴海龙，刘彩妮．中职语文教学的现状分析及对策研究［J］．散文百家（新语文活页），2021（01）：171－172．

［17］许杰才．中职学校数学教学现状与对策分析［J］．才智，2019（31）：67．

［18］张燕红．中职语文教学的现状、问题及对策研究［J］．才智，2019（27）：179．

［19］赵彤艳．中职学校英语教学现状与改革措施［J］．国际公关，2020（06）：83－84．

［20］王杰．中职德育课信息化教学现状及其改善策略［J］．中国新通信，2020，22（24）：201－202．

［21］Steve Connolly. Student and teacher perceptions of the differences between 'academic' and 'vocational' post－16 media courses［J］. Media Practice and Education，2020，21（1）.

［22］Cain Polidano, Domenico Tabasso. Fully integrating upper－secondary vocational and academic courses: A flexible new way? ［J］. Economics of Education Review，2016，55.

［23］OKABEYoshihei. The Transition from Vocational Education to Higher Education in England: "Academic Drift" in Vocational Education?［J］．教育学研究，2016，83（4）．

［24］Robinson, Gail. Even Vocational High Schools Are Pushing Kids to Go to College: Growing Pains for High Schools Offering Career and Technical Training［J］. Tech Directions，2016，75（5）.

［25］Ismaila Ayinde Garuba, Shola Sunday Olanipekun, Yakubu Kio Mohammed. The Relationship between Students' Academic Performance in General English and Vocational Education Courses［J］. International Journal of Modern Education Research，2014，1（4）.

［26］Hilary McQueen, John Webber. What is an effective learner? A comparison of further education students' views with a theoretical construction of effective learners［J］.

Journal of Further and Higher Education, 2013, 37 (5).

[27] Jamshidi Akbar, Jamshidi Leila. Causes a Drop in Academic, Technical and Vocational School Students in Iran [J]. Procedia – Social and Behavioral Sciences, 2012, 46.

[28] HelenaKorp. 'I think I would have learnt more if they had tried to teach us more' – performativity, learning and identities in a Swedish Transport Programme [J]. Ethnography and Education, 2012, 7 (1).